CHEN YIREN
FANGTANLU

东吴名家·名医系列

陈易人访谈录

潘文龙 著

东吴名家·名医系列

主　编　田晓明

副主编　马中红　陈　霖

丛书编委会（按姓氏笔画排序）

主　任　侯建全

副主任　田晓明　陈　赞　陈卫昌

委　员　丁春忠　马中红　王海英　方　琪　刘济生
　　　　时玉舫　张婷婷　陆道平　陈　亮　陈　罡
　　　　陈　霖　陈兴昌　范　嵘　周　刚　贲能富
　　　　徐维英　黄玉华　黄恺文　盛惠良　缪丽燕

学术支持

苏州大学东吴智库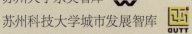

苏州科技大学城市发展智库

苏州大学新媒介与青年文化研究中心

总序

留点念想

田晓明

在以"科学主义"为主要特征且势不可挡的"现代性"推进下,人类灵魂的宁静家园渐渐被时尚、功利和浮躁无情地取代了,其固有的韧性和厚度正日益剥落而变得娇弱浅薄,人们的归属感与幸福感也正逐步消失。在当今中国以"改善社会风气、提高公民素质、实现民族复兴"为主旋律的伟大征程中,"文化研究""文化建设""提升软实力"等极其自然地成为全社会关注的热门话题。作为一名学者,自然不应囿于自己的书斋、沉湎于个人的学术兴趣,而应该为这一伟大的时代做点什么;作为一名现代大学管理者,则更应当拥有这样的使命意识与历史担当。

一

任何"以问题为导向"的研究总是不乏高度的历史价值、使命意识和时代意义,文化研究也不例外。应该说,我对文化问题的关注和兴趣缘起于自身经历的感悟和对本职工作的思考。近年来,我曾在日本、法国、德国、美国等发达国家进行学术交流或工作访问。尽管这些国家彼此之间存在着很大的文化差异,但其优良的国民总体素质给我留下了深刻的印象。2013年5月,我应邀赴台湾地区参加了"2013高等教育国际高阶论坛",这也是我首次台湾之行。尽管此行只有短短一周,但祖国宝岛给我留下了深刻印象:在日常交往中,我不仅深切感受到中华民族的优秀传统在台湾地区被近乎完整地"保留"下来,而且从错落有致甚至有些凌乱的古老街景中"看到"了隐含于其背后的一种持守和一份尊重……于是,我又想起了大陆在中华人民共和国成立之后,人们在剔除封建糟粕的同时,几乎"冷落"甚至放弃了很多优秀的文化传统;在全面汲取苏联"洋经"的同时,也一定程度上失去了我们的文化自主性。"文革"期间,许多优秀传统文化遭受的破坏自不必多言。改革开放以来，随着国门的"打开"，中华大地在演绎经济发展奇迹的同时，中华民族的一些优秀传统却没有得到同步保留或弘扬，极个别的优秀传统甚至还出现了一些沦丧的现象。这便是海外之行和台湾地区之行给我留下的文化反思与心灵震撼！

带着这份反思和震撼，平日里喜欢琢磨的我便开始关注起"文化"及"文化研究"等问题了。从概念看，"文化"似乎是一个人人自明却又难以精准定义的名词。在纷繁的相关阐述中，不乏高屋建瓴的宏观描述，也有细致入微的小处说法。可谓仁者见仁，智者见智。文化概念的复杂性也赋予了文化研究所具有的内容丰富性、方法多样性和评价复杂性等特征。黑格尔曾做过这样的比喻：文化好似洋葱头，皮就是肉，肉就是皮，如果将皮一层层剥掉，也就没有了肉。作为"人的生活样式"（梁漱溟语），文化总是有很多显形的"体"，每一种"体"的形式下都负载着隐形的"魂"。我们观察和理解文化，不仅要见其有形之体，更要识其无形之魂。体载魂、魂附体，"魂体统一"便构成了生机勃勃的文化体系。古往今来，世界上各地区、各民族乃至各行各业都形成了自己的文化体系，每一文化体系都是它自己的"魂体统一"。遗憾的是，尽管人们在思想观念上越来越意识到文化的重要性，但在日常生活和社会实践中，"文化"概念被泛化或滥用了，正如人们常说的那样：文化是个筐，什么都能装。

从文化研究现状来看，我认为存在两个方面的问题：一是文化研究面临着"科学主义""工具理性"的挑战和挤压；二是文化研究多是空洞乏力的理论分析、概念思辨，而缺少务实、可行的实践探索。一方面，在"科学主义"泛滥、"工具理性"盛行的当今时代，被称为"硬科学"的科学技术已独占人类文化之鳌头，越来越受到人们的顶礼膜拜。相比之下，人文社会科学在人类文化中应有的地位正逐步或已经被边缘化了，其固有的功能正日益被消解或弱化。曾经拥有崇高地位的人文社会科学已风光不再，在喧嚣和浮躁之中，不可避免地陷入了"软"科学的无奈与尴尬。即便是充满理性色彩、拥有批判精神的大学已经意识到并开始重视人文社会科学的教育功能与文化功能，但在严酷的现实语境中，也不得不"违心"地按照所谓客观的、理性的科学技术范式来实施人文社会科学教育管理和研究评价。另一方面，由于文化研究成果多以"概念思辨""理论分析"等形式表达，缺少与现实的联系和对实践的指导，难免给人以"声嘶力竭"或"无病呻吟"之感受。从一定意义上讲，这种苍白、乏力的研究现状加剧了人们视文化为"软"科学的看法。这无疑造成了文化研究和文化建设的困境与尴尬。

从未"离开"过校门的我，此时自然更加关注身陷这一"困境"和"尴尬"旋涡中的大学。大学，不仅是传授知识、探索新知的重要场所，也是人类文化传承与发展的主要阵地。她不仅运用包括人文艺术、社会科学、自然科学等在内的人类文化知识进行有目的、有计划、有步骤的高级人才培养，而且还直接担当着发展、创造与创新人类文化的历史责任。学界一般认为，大学具有人才培养、科学研究和社会服务三大功能。应该说，这样的概括基本涵盖了大学教育的主要任务。但从学理上看似乎还有值得商榷的地方。一方面，从逻辑上看，这三项功能似乎不是同一层次的、并列的要素。因为无论是培养高素质人才，还是产出高质量科研成果，都是大学服务社会的主要方式或手段。如果将社会服务作为单一的大学功能，那么是否隐含着人才培养和科学研究就没有服务社会的导向呢？另一方面，从内涵上看，这三项功能的概括本身就具有"工具化""表面化"的特征，并没有概括大学功能的深层的、本质的内涵。那么，有人会问，大学的本质到底是什么呢？我认为，在归根结底的意义上，大学的本质就在于"文化"——在于文化的传承、文化的启蒙、文化的自觉、文化的自信、文化的创新。因为脱离了文化传承、文化启蒙、文化创新等大学的本质性功能，人才培养、科学研究和社会服务都会成为无源之水、无本之木，而大学的运行就容易被视作简单传递知识和技能的工具化活动。从这一意义上说，大学文化建设在民族文化乃至人类文化传承、创新中拥有不可替代的重要地位甚至主要地位。换言之，传承、创新人类文化应该是大学的历史使命与责任担当。

如果说，大学的本质在于文化传承、文化启蒙、文化自觉、文化自信和文化创新，那么，大学管理者的主要职责之一便是对文化的"抢救""保护""挖掘"。这是现代大学校长应具有的文化忧患意识和责任感。言及大学文化，现实中的人们总是习惯地联想起"校园文化"，显然这是对大学本质的误解甚至曲解。一直以来，我坚持主张加强"文化校园"建设。"校园文化"与"文化校园"，不是简单的文字变换游戏，个中其实蕴含着本质的差异。面对"文化"这一容易接受却又难以理解的概念，人们总是无法清晰明快地表达"文化是什么"，有人曾经做过比较详细的统计，有关文化的定义多达两百多种。既然人们很难定义"文化"的概念，或者说很难回答"文化是什么"，我们不妨转换一下视角，抑或可以相对轻松地回答"什么是文化""什么是没有文化""什么是文化缺失"等问题。我所理解的大学文化,在于她的课上和课下,在于她的历史与现实,在于她的一楼一宇、一草一木、一砖一瓦、一人一事……她可能是大学制度文化的表达,可能是大学精神文化的彰显,也可能是大学物质文化的呈现。具体而言,校徽、校旗、校训等标识的设计与使用是文化校园建设的体现,而创建大学博物馆、书画院、名人雕塑等,则无疑是大学文化名片的塑造。我曾发起和主持大学博物馆(即苏州大学博物馆)的筹建工作,这一"痛并快乐"的工作,让我感慨万千。面对这一靓丽的大学文化名片,我似乎应该感到一种欣慰、自豪和骄傲。然而,在经历这一"痛并快乐"的过程之后,我却拥有了另一番感受:在大学博物馆所展示的一份份或一块块残缺不全的"历史碎片"面前,真正拥有高度文化自觉或自信的大学管理者,其内心深处所拥有的其实并不是浅薄的欣慰和自豪,而是一种深深的遗憾、苦苦的焦虑和淡淡的无奈!我无意责怪或埋怨我们的前人,我们似乎也没有太多的时间和精力去责怪、埋怨,因为还有很多很多事情需要我们去落实、来实现,从而给后人多留下一点点念想,少留下同样的遗憾。

  这不是故作矫情,也不是无病呻吟,只有亲身经历者,方能拥有如此宝贵的紧迫感。这种深怀忧虑的紧迫感,实在是源于一种更深的文化理解!确实,文化的功能不仅在于"守望",更在于"引领",这种引领既是对传统精华的执着坚守、对现实不足的无情批判,也是对美好未来的理想而又不失理性的憧憬。换言之,文化的引领功能不仅意味着对精神家园的守望,也意味着对现实存在的超越。尽管本人并没有宏阔博大的思想境界、济世经国的理想抱负、腾天潜渊的百炼雄才,但在内心深处,我却始终拥有一种朴实而执着的想法:人生在世,"必须做点什么""必须做成点什么";如是,方能"仰俯无愧天地,环顾不负亲友"。然而,正所谓"前途是光明的,道路是曲折的",对于任何富有价值和意义的事情而言,"想法"变成"现实"的过程从来都不可能一帆风顺。在当下社会,"文化校园建设"则更是"自找苦吃"!

二

  人生有趣的是,这一路走来,总有一些"臭味相投"的"自找苦吃"者与你同行!

  2013年,我兼任艺术学院院长。在一次闲聊中,我不经意间流露出这一久埋心底的想法,随即获得了马中红、陈霖两位教授及其团队成员的积极响应。也许是闲聊场景的诱发,如此宏远计划的启动便从艺术学院"起步"了!其实,选定艺术学院作为起始，我内心深处还有两点考量：一是"万事开头难"。既然事情缘起于我的主张和倡议，"从我做起"似乎也就成了一种自然选择。事实上，我愿意也必须做一次"难人"。二是我强烈地感到时不我待，希望各个学院能够积极、主动地加入"抢救""保护""挖掘"文化的行列。尽管从本质上讲这是一种历史责任，但在纷繁的现实面前，这项工作似乎更接近于一种"义务"或"兴趣"，因此，作为分管文科院系的副校长，我不能对院长们有更多的硬性要求。于是，我想，作为艺术学院院长，我可以选择"从我做起"，其示范和引领作用可能比苍白的语言或"行政命令"更为有力、更富成效。

当然，选择艺术学院作为"东吴名家"系列开端的根本想法，还是来自我们团队对"艺术"发自内心的热爱！因为，在我们古老的汉字中，"藝"字包含了亲近土地、培育植物、腾云而出的意思。这也昭示了艺术的本性：艺术来源于生活，但必须超越生活。或许也正因为艺术这样的本性，人们对艺术的反应可能有两种偏离的情形：艺术距我们如此之近，以致习焉不察；艺术离我们如此之远，以致望尘莫及。此时，听一听艺术家们的故事，或许会对艺术本身能够拥有更多、更深的理解。

英国艺术史家贡布里希在其《艺术的故事》开篇中有云："实际上没有艺术这种东西，只有艺术家而已。"在各种艺术作品的背后，站立着她们的创造者，面对或欣赏这些艺术作品，实际上就是倾听创造她的艺术家，并与艺术家展开对话。这样的倾听与对话超越时空，激发想象，造就了艺术的不朽与神奇。也正是这种不朽与神奇，催生了"东吴名家"的艺术家系列。

最先"接近"的五位艺术家大家都不陌生：梁君午先生，早年在西班牙皇家马德里艺术学院学习深造，深得西方绘画艺术的精髓，融汇古老中国的艺术真谛，是享誉世界的油画大师；张朋川先生，怀抱画家的梦想，走出跨界之路，在美术考古工作和中国艺术史研究中开辟了新的天地，填补了多项空白；华人德先生，道法自然，守望传统，无论是书法艺术，还是书学研究，都臻于至境；杨明义先生，浸淫于江南传统，将透视和景别融进水墨尺幅，开创出水墨江南的新绘画空间；杭鸣时先生，被誉为"当今粉画巨子"，以不懈的努力提升了粉画的艺术价值。五位大师的成就举世瞩目，他们的艺术都有着将中国带入世界、将世界融入中国的恢宏气度和博大格局。

五位艺术家因缘际会先后来到已逾百年的东吴学府，各自不同的艺术道路在苏州大学有了交集和交融，这是我们莫大的荣幸。他们带来的是各自艺术创作的历练与理念，艺术人生的传奇与感悟，艺术教育的热情与经验，所有这些无疑是我们应该无比珍惜的宝藏，在这个意义上，"东吴名家·艺术家系列"的编写与制作也可谓一次艺术"收藏"行动。

三

"收藏"行动在继续进行！随着"东吴名家·艺术家系列"的编写与制作告一段落，我便将目光转向了"名医"。这一探寻目光的阶段性聚焦或定格，缘起于本人儿时的梦想和生活经历。我自小在外公与外婆身边生活，身为医生的舅舅和舅妈对我影响巨大。舅舅的敏感和精明、勤奋与敬业，舅妈的才情和灵巧、细腻与矜持，尤其是他们与病人之间交往、交流的互动场景以及医院的氛围，给我幼小的心灵烙上了深深印记。应该说，舅舅和舅妈身上所折射出来的医生职业操守和人格魅力，不仅是我人生启蒙的绝好养分——"随风潜入夜，润物细无声"地滋养、熏陶着我的成长，而且也渐渐成为我的生活习惯和样态，进而萌生出人生的愿望与梦想——我想成为一名让人尊敬的白衣天使或人民教师！

儿时的梦想，总是比较简洁和朴素，有时还十分直观和现实。在我的思维积淀中，总有一种抹不去的儿时记忆和认知：医生和教师是人世间最崇高、最善良、最阳光的职业！因为几乎没有哪位医生不想救死扶伤的，也几乎没有哪位教师不想教人成人的。世上可以没有其他职业，但绝不可无医生和教师。这两种职业甚至超越了国界、人种、民族和意识形态等差异，因为任何人都会遭遇到生老病死的拷问，任何人都有接受学校教育的过程，绝大多数人也会面临子女教育问题，等等。因此，渴望成为一名医生或教师，便成为我儿时的梦想！

清楚地记得，我在高考志愿书上清一色填写了"临床医学"专业，但因为班主任私底下递交的一份"定向表"，让我儿时的"医生梦"彻底破灭了。因为这种"阴差阳错"，而今中国大学里多了一名不太优秀的心理学教授，而医院却可能少了一名出色的外科医生。身为大学教授的我，虽然内心偶尔也会流露出"得陇望蜀"的遗憾，但我知道，这是真正的"白日梦想"。"医生"，对我而言，只能成为一种永久的儿时记忆了。也许正是为了弥补这份心理缺憾，我将探寻的目光聚焦或定格于"名医"，便乃是情理中事了。

如果说，"东吴名家·艺术家系列"的编写与制作缘起于本人的文化理解和兼任艺术学院院长的"便利"以及与马中红、陈霖两位教授的"臭味相投"，那么，"东吴名家·名医系列"编写与制作能够成为现实，则是因为我和我的团队又幸运地遇上了一位"同道",他就是侯建全先生!在一次偶然闲聊时,建全兄得知了我内心深处的愿望和设想,他不仅给予高度褒扬,而且主动要求加入并表示全力支持。这真是应验了两句老话:有心栽花花不开,无心插柳柳成荫;踏破铁鞋无觅处,得来全不费工夫。在日常交往中,建全兄给我留下的印象是干练、圆融、义气,而他对医院文化建设的深邃理解与执着精神,以及他能跳出自己的"本位",全方位思考吴地医学文化传承与保护的视野和气度,又使我对他平添一份深深的敬意和尊重。尤其是此间我的工作岗位发生了变动,他依然一如既往地关心、支持此项工作的开展和推进,更是彰显出"同道"的意蕴与价值、友谊的诚挚和珍贵。

拥有了建全兄这样的"同道","收藏"行动进展得异常顺利。我们的笔墨和镜头此次定格与聚焦的几位名医也是大家耳熟能详的:陈易人先生,是苏州乃至江苏全省的知名外科专家,曾经是省内医学界外科医学的领头羊之一;半个多世纪以来,他无私奉献,不计名利,坚持奋战在手术台旁,为千万个患者解除病痛;他还通过努力,和同事们一起把苏州大学附属第一医院的外科诊疗提升到省内一流水平。阮长耿院士,被尊为中国的"血小板之父",成功研制了以SZ(苏州)命名的系列单抗,应用于出血与血栓性疾病的基础与临床研究,始终坚持不懈地以学术引领中法交流,以科研点亮生命之光。杜子威先生,著名医学教育家、中国现代神经外科学奠基人之一,制定了首个中国人脑脊髓液蛋白电泳的标准值,培养出中国第一株人脑恶性胶质瘤体外细胞系SHG-44,建立了人脑胶质瘤基因文库,在中国脑外科研究和临床方面取得卓越成就。董天华先生,苏州骨科医学的开创者和奠基人,江苏省医学终身成就奖获得者,学医、行医、传医七十余载,德术并举、泽被后学、仁者情怀、大家风范。蒋文平先生在六十多年的行医生涯中,在我国心脏电生理领域里倾注汗水和心血,贡献智慧和才能,是一位不畏艰难险阻和不知疲倦的探索者、创新者、开拓者。唐天驷先生是我国著名的骨外科专家,两次获得国家科学技术进步二等奖;他主持的"脊柱后路经椎弓根内固定"研究,被誉为我国脊柱外科的一大"里程碑",铸就了脊柱内固定的"金标准";虽到望九之年,他仍然工作在第一线,用高超的医术,帮助无数病人"站稳了身板""挺直了腰杆"。华润龄先生从医半个多世纪,学养深厚,内外兼修;他上承吴门医派著名老中医奚凤霖和陈松龄两位先生医脉,秉循吴地优秀传统文化的传袭,理法方药,思路清晰,用药轻简,救人无数,在中医业界和患者当中树立了良好的口碑,是当代吴门医派的杰出传承人和代表医家之一。李英杰先生,国家级非物质文化遗产项目指定传承人,潜心于六神丸技艺,一颗匠心守护绝密国药,将手工微丸技术代代相承,被誉为当代"中医药八大家"之一。

…………

"收藏"行动将继续进行。随着"同行者"的不断加盟,"东吴名家"(百人系列)将在不远的将来"梦想成真"!为了这一美好梦想,为了我们的历史担当,也为了给后人多留点念想、少留点遗憾,让我们携起手来……

序

自古姑苏繁华地，不仅仅体现在经济与文化的长足发展，而且在中医领域也形成了著名的吴门医派。吴门医派作为传统中医体系，形成了一大批著名医家，且世代相传，比如绵延约八百年的郑氏妇科。吴门医派中名医多御医，由于医术高明，声名远播，仅明代姑苏籍御医就有七十多位。吴门医派为苏州人的繁衍生息和健康生存做出了卓越的贡献，也为传统中医文化的传承和发展贡献了苏州智慧。

"东吴名家·名医系列"选择了华润龄先生和李英杰先生作为当代苏州吴门医派与中医制药工艺的代表人物，可谓实至名归。

历史上的东吴医派在当代通过名医传播、名药制作、名馆开设以及中医文化的现代化建设而得到发扬光大。与东吴医派并驾齐驱的是苏州日益崛起的现代医学和医疗。苏州大学附属第一医院，是国内具有影响力的知名三甲医院，多年来，在中国最佳医院排行榜中名列前50强，在中国地级城市医院100强排行榜中雄踞榜首。百年老字号医院，已然浓缩为医学领域的一笔宝贵财富，其重要原因之一，是它拥有一支实力雄厚的名医队伍。一所医院在民众中的口碑和信誉，很大程度上是凭借这些名医来创造的。在长期对医院的管理中，我始终不渝地坚持这一条，培养名医、建设名医队伍不动摇，这是医院建设和发展的硬道理。

名医不是天上掉下来的，名医荟萃的局面也不是朝夕之间就能形成的，其中，医生队伍建设至关重要。作为一所三甲医院，医生队伍是呈宝塔型结构的。名医是宝塔尖上的独领风骚者，他们也是从医生、从良医中脱颖而出的。对于医生队伍建设来说，我们的兴奋点和关注点，一是人才，二还是人才，三依然是人才。具体来说，一手抓名医队伍的建设，他们是医院的标杆、品牌，让他们带领团队，培养学生，充分发挥引领作用，提高医生队伍的整体水平。另一手抓青年医生的培养，这也离不开名医，以名医为师，从中发现人才。一旦发现可塑之才，就严格要求，压担子，创造各种条件，使他们成为名医。尊重名医，爱护名医，宣传名医，始终是医院工作的重中之重。作为医院的文化建设，整理和发扬名医的品德与精神，在当前显得非常迫切，这也是具体落实党中央的"把跨越时空、超越国界、富有永恒魅力、具有当代价值的文化精神弘扬起来"的指示。阮长耿、董天华、唐天驷、蒋文平、杜子威、陈易人六位名医的访谈正是在这样的背景下诞生的，是苏大附一院医院文化建设的又一重大成果。

一代代名医是医院文化的积淀，是苏州古今中外医学思想和精神的承继与传扬！"东吴名家·名医系列"所选八位名医虽然分属不同专业学科，但是他们有这样一些共性：

第一，医者仁心，他们都有崇高的医德。百年传承，使苏州有了"吴门医派"的金字招牌，也使苏大附一院积淀了"博习创新，厚德厚生"的文化底蕴。"厚德厚生"使医院百年来形成了"为患者、爱患者"的绿色医疗生态环境。这些名医用毕生的实践，诠释和丰富了"厚德厚生"的内涵。以德为上，为民服务，才不愧为真正的名医。董天华教授一直信奉"医德医术是一个医生的生命"，创造性地研究出将"美多巴"应用于治疗早期非创伤性股骨头坏死的新思路。几十年来，董教授淡泊名利、廉洁行医，收到病人的锦旗和表扬信不计其数，从未收受过病人的红包。他经常教诲年轻医生，要做好一名医生，首先要做一个品行端正的人，对待患者要有一颗仁慈的心，在诊治病人的时候，要时刻设身处地为病人的病情着想。慕名而来的患者除了仰慕他妙手回春的精湛医术，感恩他朴实善良的医者仁心外，更敬重他高尚的医德。华润龄先生秉持中医传统正道，妙手仁心，待患以诚，致力于中医领域的开掘，其学养、医术和医德得到业内同行和众多患者的嘉许，是一位有口皆碑的吴门儒医。

第二，大医精诚，他们以精湛的医术名扬天下，受到无数患者的爱戴。桃李不言，下自成蹊。名医活在广大民众的口碑中。他们敬业，痴迷于自己的理想，在长期行医过程中，不断总结，不断前进，最终登上自己事业的顶峰。陈易人教授，是我们外科的著名专家，一生兢兢业业，克己奉公，不计个人名利，用手术刀为千万个患者解除病痛，也把苏大附一院的外科诊疗提升到了省内一流水平。蒋文平教授，植入了中国第一例与第二例自动心脏起搏复律除颤器，从直流电消融到射频消融治疗心动过速，蒋主任参与了中国在该领域的起步性研究，接二连三地开创"中国首例"，在治疗心律失常方面立下了赫赫战功。脊柱外科医生是高技术、高风险的职业,稍有失误,病人就可能终身残疾。唐天驷教授作为一名医生,最大的快乐就是为病人解除痛苦,精湛的技艺是他毕生的追求,他一直坚持重视每一个手术细节,创下了数千例脊柱手术无瘫痪、无严重并发症的纪录。20世纪80年代,他主持的"脊柱后路经椎弓根内固定的基础和临床研究"被誉为我国脊柱外科的一大里程碑,铸就了脊柱内固定的"金标准"。

第三,敢于创新,与时俱进。这些名医不墨守成规,故步自封。他们是各自领域的弄潮儿、追梦人和风云人物。医学事业日新月异,每天有无数创新的成果面世。阮长耿院士建立了我国第一个血栓与止血研究室。他成功研制了以SZ(苏州)命名的第一组抗人血小板单克隆抗体,填补了国内空白,达到国际先进水平。随后相继研制成功抗人血小板、vW因子等苏州(SZ)系列单抗180多株,并应用于出血和血栓性疾病的基础与临床研究,其中5株SZ单抗被确认为国际血小板研究的标准试剂……阮长耿,亦被学界公认为我国血栓与止血研究领域杰出的开拓者之一。杜子威教授,1974年创建了苏州医学院(现苏州大学医学部)脑神经研究室,开展了脑神经疾病的基础研究,成功研制出国产醋酸纤维薄膜,首次制定了中国人脑脊液蛋白电泳的标准值,建立了中国第一株人脑胶质瘤体外细胞系SHG-44及其裸小鼠移植模型NHG-1、中国第一株抗胶质瘤杂交瘤单克隆抗体SZ39,在国内首先成功建立了人脑胶质瘤基因文库。传统中药制药名师、国家级"非遗"传承人李英杰先生经年潜心研习,以敬畏和专注传递中医药文化之魂,在不断创新中将传统制丸技艺发展至炉火纯青的地步。

长江后浪推前浪。医学事业的发展,需要各方面人才。本次推出的名医访谈系列丛书,目的是为了传承。我们的愿望是把名医的风采、经验作为财富,贡献给大家,可以一代又一代地传承下去。他们是"博习创新,厚德厚生"的杰出代表,我们也希望在他们的感召下有更多的名医涌现。人才辈出,才能使我们在当今的世界竞争中立于不败之地。

名医已经沉淀为苏州医学、医疗、医药发展的一种精神动力,历经传承与创新,浓缩为一种与时俱进的时代品格。八位名医访谈是"东吴名家·名医系列"的首批实录,历时三年,挖掘整理了老一辈名医的故事,以照片、文字和视频的形式完整真实地展现出来,以期丰富和拓展我们的名医文化建设,从而使我们的文化建设事业迈上一个新台阶。

苏州大学附属第一医院院长　侯建全

陈易人

陈易人，1925年1月出生于苏州。退休前曾任苏州大学附属第一医院外科教授、主任医师、博士生导师，现为该院老专家、医疗顾问。1949年上海同济大学医学院毕业，曾在南通医学院和苏州医学院工作。他一心扑在工作上，常年驻立手术台旁，医疗技术和理论研究并举。历任中华医学会第十届外科委员，江苏医学会第五届常务理事和第一、二届外科主任委员，中华医学会脾外科学组和胃肠外科学组成员，中国抗癌协会理事；曾担任《中华实验外科杂志》《中华普通外科杂志》《中国实用外科杂志》《医师进修杂志》《肝胆外科杂志》等十余种专业杂志的副主编、常务编委和编委或顾问；历任苏州市第八、九、十届人民代表和第十届中华医学会全国外科学会委员。

陈易人教授执教四十多年，在平凡的岗位上辛勤耕耘，是江苏省医疗外科的早期带头人和学术权威之一。他曾先后获得核工业部、江苏省科技进步奖5次，10次荣获教学先进奖，3次荣获市级科技进步奖。曾主编《外科围手术期处理》《腹部急症外科学》等5部专业著作，在全国公开杂志上发表第一作者论文七十余篇。多年来，陈易人教授共培养博士研究生18名和硕士研究生二十余名，桃李遍天下，他们如今大都是苏州、南京、无锡、常州和南通等地的医疗骨干人才，为大外科医疗教育的进步做出了积极贡献。

陈易人在研读论文

陈易人和同事在做课题

陈易人享受国务院政府特殊津贴证书

陈易人被评为"苏州名医"

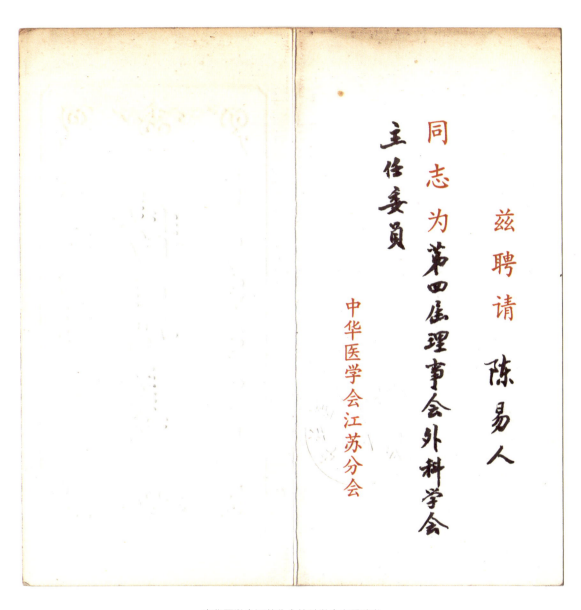

中华医学会江苏分会外科学会主委聘书

陈易人夫妇

陈易人全家福

目 录

特稿

003　仁心妙手　解痛人间
　　　——陈易人教授侧记
003　从医：上海求学入同济
005　治病：胆大心细救病患
006　交流：他山之石可攻玉
011　医德：人到无求品自高

专访

020　成长和求学经历
025　早年的从医历程
031　南通、苏州的医疗实践
040　从昆山到响水、太仓
050　普外科建设和手术病例故事
061　内外部医疗学术交流的开展
072　《外科围手术期处理》的编写情况（上）
083　《外科围手术期处理》的编写情况（下）
097　外科脾脏技术进展浅议

他人看他

105　黄士中：他是苏州外科医界的骄傲
108　李德春：师恩难忘 德技永随
117　汪　健：老辈医人的风范
120　金珍元：他的眼里只有工作
125　陈锦骅：爸爸给我的影响是无形的
130　陈锦骐：我们都想当爸爸的病人
134　徐苏丹：长者　老师　榜样

附录

143　陈易人：妙手仁心（纪录片脚本）
151　陈易人教授年表
153　血液病的脾切除治疗
157　青木春夫式断流术
162　类癌综合征
168　在第三届(2019)苏州市普外科学年会上的发言
170　光荣与梦想

176　参考文献

177　后记：为老辈医人留影

特稿

仁心妙手　解痛人间——陈易人教授侧记

这是一双白皙纤瘦的手，不大，但是有力。手上没有什么脂肪，只有半透明皮肤下暴露的青筋和淡蓝色的血管。这是一双95岁老人的手，有些褶皱，但不苍老，依然温热，有活力。这是陈易人教授的手。

第一次在桂花新村一间朴旧的老房子里见面，笔者一定要握一握陈教授的手，就是这双手，曾经拯救过千万个垂危的病患，把他们从死神身边拉回来。眼前这位满头银发、身材佝偻、精神矍铄的老人，曾经是江苏省首屈一指的外科专家，如今每天和90多岁的老伴厮守，读晚报、看电视，休闲地安度晚年。当年，陈易人的医术有口皆碑，以至于患者送了一个"陈大仙"的外号给他。

从医：上海求学入同济

1925年，陈易人出生在苏州阊门内一个手工业主家庭。父亲是一名皮匠，祖籍丹阳，在西中市开一个皮匠铺子，因为接了一单军用品的生意而发达起来，买宅置地，娶妻生子。不过，陈易人八岁时父亲忽然病故，殷实的家道一下子中落。1937年淞沪会战后，二房的母亲只好带着他和弟弟妹妹到上海投亲，于是陈易人也转到上海求学。因为家境困难，陈易人最后选择了免学费的德国人办的医学院，那就是后来赫赫有名的同济医学院。

当年考德国医学院时，还有一个趣闻。面试时德国人问他：要怎样才能准确地游到河对岸的直线位置？他回答先向上游再向下游，由于考虑了水流的速度，得了满分。而不少同考的人都被刷下了。在上海，陈易人咬着牙完成了七年的医学课程，以优异的成绩毕业。那时是1949年的5月，解放上海的炮声已经响起。在实习的上海第一医院，他还抢救过战争中的伤员。

追忆起早年的求学经历，陈易人说："德国人凶得不得了。"他所谓的"凶"，其实就是严格的管理制度和严谨的医学态度。他回忆，德国老师上课时手里拿一根教鞭，看见谁不注意听讲，就过来在头上敲一记，很痛的。这完全是小学生的管理模式，哪里是大学生？不过，或许是潜意识里受到德国人严谨认真态度的影响，陈易人成为医学院的教授、博士生导师后，他对学生、对科室的管理也是"严"字当头。学生和同事们都怕他，私下里给他取了一个外号"陈始皇"。不过，没有这个"严"字，也就没有后来苏州大学附属第一医院外科在省内崛起的荣光了。就是在这所德国人开办的医学院，孕育了中国最早的一批外科精英。后来有"中国外科之父"之称的裘法祖院士，那时就是陈易人最喜欢的老师。当时裘先生留学德国归来，一身笔挺的西服，干净的白皮鞋，风度翩翩，给陈易人留下了深刻印象。后来陈易人到武汉参加学术会议，裘法祖已经是同济医学院的院长了，他热情地款待这位昔日的弟子——当时已是江苏省外科"第一把刀"，说"你没有给我们同济医学院丢脸"。同样地，还有陈易人的同班同学，后来在上海执外科牛耳的吴孟超院士。2019年春天，吴孟超教授才从医院退休，《新闻联播》还播发了消息。我把这条新闻播给陈老看，他非常高兴，为同学能取得这么大的成就而欣慰自豪。他说吴孟超和他是好朋友，两人一直在学术上有交流，私交非常好。

毕业后，当时的西式医院非常少，陈易人就回到了苏州。看到社会上对西医越来越认可，他决定开一个私人西医诊所。在观前街西的察院场，一家名为"人和"的诊所开张了。霓虹灯、大冰箱、门口的黄包车，这些都是诊所的招牌。陈易人初出茅庐，边实践边学习，甚至接到出诊电话，还在翻书找诊疗方法。开诊所的最大收获就是，他结识了如今的太太金珍元。当年的金小姐是苏州观前街百年老店采芝斋糖果店老板的千金，刚刚从东吴大学毕业。丈母娘一眼就相中了这个医生女婿，给了他很多支持。1951年，陈易人和金珍元在上海国际饭店举办了风光一时的婚礼，包了酒店两层楼，沪苏宾客来了两百多人。

陈易人本名陈银生，是做生意的父亲给取的名字，希望他能招财进宝，不过他始终觉得这不像是医生的名字。在上海学医时，有一次坐公交车，车窗外忽然闪过一个广告牌，上面写着"易人"两个字。他觉得这才是医生的名字，易己为人，救死扶伤，于是就改名"陈易人"。

公私合营后，陈易人关闭了诊所，加入公办医院的行列。他先后在苏州市康复医院、南通医学院、苏州医学院附属第二医院、苏州医学院附属第一医院从事医疗工作，直至85岁时在常熟做完最后一台手术，已经在外科手术台上活跃了六十多个春秋。

治病：胆大心细救病患

陈易人教授喜欢开刀。一个人只有热爱某一领域并为之痴迷，才会最终取得卓越成就，管理学上所谓"十万小时定律"说的就是这个道理。他喜欢普外科，离不开那把柳叶刀，并为此奋斗一生。

访谈中，我了解到陈老医术高超，性格果敢，有担当、敢作为，具体表现为：

一是胆大心细。陈易人毕生追求精湛的医术，不断学习国内外先进的经验和疗法，大胆尝试，讲求操作实践。他在普外科这样一个普通岗位上，最后成为擅长做普外科领域各类重大、疑难、危急手术的学者型专家，改变了人们对外科医生动手不动脑的印象。他从年轻时就抓住一切可以动手锻炼的机会，积极开刀。从城市到农村，从苏南到苏北，在多次巡回医疗和开门办学中，他克服各种困难，一心一意为基层患者服务。1966年，医院属工宣队领导，他和几名学生被下放到苏北盐城最艰苦的响水县去锻炼。当地条件极差，群众生活困苦，缺医少药。陈易人回忆，住的旅馆里生满了跳蚤，搞得他睡觉只能光着身子，把衣服吊起来。在响水县六套公社（今属运河镇）简陋的医院里，他内科、外科、妇科全能，先后做了165例各类手术，无一例发生并发症。有一次，他一夜未归，为当地一名妇女做了宫外孕大出血的手术，救了患者一命。工宣队领导本来要狠狠批判他，后来调查清楚后，还表扬了他。本来下放是有点惩罚的意思，没有想到，这里居然成了陈易人大展身手的舞台。因为医术高明，他被当地农民誉称为"陈半仙"。

二是救命如救火。陈易人教授在医院是有名的"救火队长"。院里遇到危重外科病例，他总是随叫随到，从不推诿。因为工作关系，他的家离医院很近。每每午夜有电话铃响起，他就会迅速穿好衣服，骑着那辆已骑了几十年的英国兰令自行车疾驰到医院来处理急诊。家里人记得，为了抢时间，陈老的衣服从来不系扣子，都是套头衫，几秒钟就能穿上。陈老一直说，对医生而言，时间就是生命。陈太太回忆，20世纪六七十年代，社会治安不好，晚上出急诊，为了怕被抢劫，陈老让在他的口袋里放上十元钱，遇到特殊情况好给钱救急。几十年了，陈家人都习惯了他的工作。他的小儿子陈锦骐对我说，爸爸一辈子的时间三分之二给了医院，三分之一还要照顾陈氏大家族，分配给小家的几乎没有。他们甚至希望自己能够成为爸爸的病人，被他照顾，那才是幸福的事。说到这里，六十多岁的儿子眼圈都有点红了。

三是敢于承担责任。陈易人医术高明，在临床工作中，勇于负责，敢于果断决策，经常在第一线亲自执刀，还常常帮助下级医师解决手术中的难题，深受同行们的敬重。苏州昆山在20世纪60年代因为地处低洼水网地区，属于血吸虫病高发地带。这个病会造成病人的脾脏肿大，严重危及生命。昆山作为一个农业县，当时的医疗水平非常低。陈易人被派到昆山巴城做巡回医疗，他就手把手教当地医生做手术，治疗血吸虫病。采访中，陈老伸出大拇指说，我脾脏开得好，开了好多的脾脏。自信之情油然而生。这倒不是吹牛，他当时在昆山做了1000例左右的血吸虫性脾脏切除。今天看来，脾脏切除不是什么高难度的手术，但在当时的乡镇卫生院，医疗条件差，设施设备不完善，开脾脏也有很大风险。因为脾脏手术很容易大出血，控制不住的话就容易发生生命危险。他发明了一个手捏血管法，一下子就控制住了出血，保证了手术的成功率。陈易人记得，有一个小男孩十一二岁，得了血吸虫病，脾脏大得吓人。当时条件下，孩子的手术风险更大。陈易人说别怕，我来！他亲自上阵，稳准狠地拿下了手术。这个孩子的爷爷亲自到苏州陈易人家里登门感谢。这个孩子后来还参军入伍了，身体很健康。

即使后来，陈易人担任了普外科、大外科主任，科里的疑难病症，还是他亲自拍板做手术。还有，一些经验不足的医生做的手术有后遗症，"二进宫""三进宫"病人再手术都由陈易人主刀。有时候他到外地会诊，别的医生不敢决策手术，他在研究病情和翻阅病史后，总是果断拍板，挽回了许多患者的生命。

交流：他山之石可攻玉

陈易人家里的客厅墙上挂着一个带日历的石英钟，这是日本名古屋医院青木春夫医生赠送给他的礼物。现在看不算什么，在20世纪80年代可算是一件时髦物品。更主要的，它是中日两国医疗技术交流的见证。

与日本同行交流

陈易人颤颤巍巍地把它摘下来给我们看。他说,这是他第二次去日本访问时,青木医生送给他的礼品。当时出国的外事活动都是要报备的。经请示,院方说医疗设备和技术资料要上交国家,这件物品可以留下来。

陈易人在当科主任的时候,刚好有个日本医疗代表团到苏州访问,本来是一般性交流参访,还带有观光性质。院里接待后,陈易人了解到,青木教授在门脉高压分流和断流手术方面很有造诣。于是,他详细了解了情况,并和青木医生建立联系,表达了想把青木的技术引到中国的愿望。青木教授也非常高兴,于是就有了深层次的合作。

自此,苏州医学院在全省最早开展了各种术式的门脉高压症分流手术,还带头做了杉浦式断流手术。20世纪90年代初,陈易人又积极开展并推动与美国、日本等国的学术交流活动和手术示范,受到外国同行的赞扬,并为医院争得了荣誉。

他把日本青木春夫式断流手术推广到全国各地医院,使中国门脉高压症治疗多了一种新术式,并在专业杂志上发表多篇有关论文。青木先生亦先后接受了苏州医学院附属第一医院普外科3名医师来日本进修,推动了苏州医学院附属第一医院普外科事业的发展,使之在门脉高压治疗方面逐渐走到省内一流行列。

我查看了苏州医学院的院报,截至1995年,学校教学和科研有了长足进步,在省内也是举足轻重的。设有脑外、普外和骨外3个博士点的院校,江苏省仅此一所,拥有杜子威、鲍耀东、陈易人、董天华、唐天驷等9名博导。而普外科能在全省引人瞩目,与陈易人和他的同事们的努力开拓是分不开的。

除了和外国先进的医疗机构进行技术交流外,陈易人也注意和省内外的专家

与日本同行在一起

参加硕士论文答辩会

（前排左一为黎介寿院士，左二为陈易人教授）

合作。他和南京军区总医院（今东部战区总医院，以下同此）的黎介寿①院士是好朋友，经常一起参加学术会议。黎介寿的学生博士论文答辩，陈易人一定是专家委员会主席。有时陈易人去南京，黎介寿再忙也要出来陪陈老吃饭，交流学术心得。黎介寿的学生也常到苏州大学附属第一医院实习。陈易人调侃说："黎院士客气，

---

① 黎介寿，1924年9月13日出生于湖南浏阳，普通外科专家，肠外瘘治疗的创始人、临床营养支持的奠基人、亚洲人同种异体小肠移植的开拓者，中国工程院院士、南京大学医学院临床学院教授，原南京军区总医院副院长、解放军普通外科研究所所长。

　　1994年完成了亚洲第一例同种异体移植术，在国内外普通外科领域享有很高的声誉和学术地位。先后荣获"何梁何利"奖、中国医师奖、全国科技大会奖、江苏省科学技术突出贡献奖；获得省部级以上高等级科技成果奖36项，发表科研论文600多篇，担任13卷巨著《手术学全集》总主编，主编著作10部，参编著作31部；在亚洲首次完成同种异体小肠移植、肝肠联合移植。2011年1月，领衔完成的"肠功能障碍的研究"获国家科技进步奖一等奖，是中华人民共和国成立以来江苏省医疗界荣获的唯一一项国家科技进步一等奖。2014年4月25日正式获得"黎介寿星"永久性小行星命名。（以上资料据百度百科）

江苏省医学会外科委员会主委让我当,他自己屈居副主委。"上海的吴孟超[①]教授是陈易人的大学同学兼好友,两个人来往很多,每逢节假日都要电话问候。苏州地区的重大外科手术邀请吴孟超教授时,吴教授总要半开玩笑地说,那是陈易人的地盘,一定要和他打招呼,让他来找我。

说陈易人教授能文能武,绝不是虚言。他自己是国内较早的科班出身,基础理论扎实,临床经验丰富,在脾外科(含门静脉高压和血液病脾切除)和外科感染等研究方面有较深的造诣。他在国内外医学杂志上先后发表学术论文近80篇,主编、参编医学专著4部,其中《外科围手术期处理》一书是国内这个方面研究较早的专著。

在半个多世纪的行医生涯中,陈易人不断进取,在脾外科领域取得了显著成就。他先后培养博士生18名,硕士生二十多名,其中还有两名日本留学生。有不少弟子发表了有关脾外科和系列外科感染细胞因子研究方面的学术论文,有的已成为江浙沪地区有名望的、手术技艺高超的普外科专家。南通肿瘤医院院长张一心、苏州大学附属儿童医院院长汪健、常州第二人民医院院长秦锡虎(后来担任当地卫生局局长)都出自他的门下。而在苏州大学附属第一医院,如今接棒的有"小陈易人"之称的普外科主任李德春,是江苏普外科的高级专家,已带自己的博士和硕士了。

陈易人带科室带学生有个特点,那就是"严"字当头。他对学生的要求就是要出理论成果,简单说就是要写论文。很多学生都有被逼着写论文的经历。因为外科医生拿惯了手术刀,动笔还真是弱项。陈易人亲自布置题目,按时催稿,不厌其烦地帮助改稿。陈易人的儿媳徐苏丹也是苏州大学附属第一医院心内科的医生,她告诉笔者,很多学生被逼着写论文的时候头疼,等到后来评定职称时,就都笑了。他们发现,老师的严格要求,对他们的成长是一份真诚的关爱。记得有一个硕士生,字写得很不好。陈易人说:"你先别急着写论文,先练三个月的书法吧。"后来,那个学生的字果然进步很快,学术成绩斐然。他感慨地说:"老师让我练字,

---

[①] 吴孟超,1922年8月31日出生于福建省闽清县,著名肝胆外科专家,中国科学院院士,中国肝脏外科的开拓者和主要创始人之一,李庄同济医院终身名誉院长,被誉为"中国肝胆外科之父"。1940年进入同济大学附中,1949年毕业于原同济大学医学院(今华中科技大学同济医学院)。1991年当选中国科学院院士,2005年获国家最高科学技术奖。2011年5月,中国将17606号小行星命名为"吴孟超星"。2012年2月3日,当选感动中国2011年度人物。 2019年1月14日退休。(据百度百科)

其实是帮我去掉浮躁的脾气，炼的是我的心性。"

陈易人桃李满园，也享受了亲炙弟子的反哺。2013年，近90岁的陈易人忽然觉得胃部不适，多年行医的经验告诉他，情况不好。他一点也不慌，到了医院一查，是胃癌。得知这个消息后，医院领导非常重视，本院的老专家，要享受最好的医护治疗。陈易人笑了，他说："不用。我不住高干病房，也不用外请上海专家，就在本院普通病房六病区，我工作的地方，请我的学生李德春和汪良手术。如果这个时候连自己的学生都不信任，那就是我这个老师的失败。"

李德春后来对笔者说，得知这个情况后，他也非常紧张和焦虑，毕竟是年届九旬的老人了。他和本院的师兄弟汪良、曹苇教授等人会商后，拿出了一套完备的手术方案，并听取了陈老的意见。陈易人完全同意这个方案。手术前，陈易人和弟子们谈笑风生，他鼓励大家放手做，不要有负担。年逾花甲的李德春教授自己开玩笑说，给老师做手术，这也像是一次考试。方案确定，最后是胃全部切除。李教授做得细致认真，手术后认真护理。术后第一天晚上，他和曹苇说："作为大弟子，今晚我来值夜班。"徐苏丹后来回忆说，李教授亲自守护在陈老病床旁，直到深夜看到陈老的尿液出来，认真检查术后反应，等等，确实是不负弟子尊师之情。手术很成功，陈老恢复得很好，弟子们都笑了。

医德：人到无求品自高

妙手回春的背后，往往是医者的仁心。陈易人医德高尚，医风严谨，在临床工作中，视患者为亲人。他退休后还担任过苏州市医疗事故鉴定组的负责人，他秉持公道，关心患者权益，业内无不叹服。后来，苏州卫生系统的医德讲座，也经常请陈老去上课。

陈易人教授一生讲原则，刚正不阿。早年在医院做普通医生时，有一次遇到一个外国病人。那时候是十年动乱的后期，一名来参加中国马克思主义理论交流的英国专家到苏州后突发急性阑尾炎。当时情况紧急，病人痛得在床上直打滚，送上海怕路上出危险。苏州市政府外办的一位负责人向苏州医学院附属第一医院求助，医院派陈易人出诊。外办领导说，就在姑苏宾馆布置一个手术室吧，马上手术。陈易人说，没有在宾馆开刀的先例，不能因为他是外国人就搞特殊化。要开刀，就到医院里去。医院条件再简陋，也是医院！外办领导见他说得在理，就没有

陈易人（右二）与同事高敏（左一）在日本进修

再提要求。病人被紧急送到医院后，很快就接受了手术治疗。术后恢复得不错。那个外宾很感激陈医生，回到英国后，还写了一封信表示感谢。陈易人后来对我说，当时不肯在宾馆做手术，是有顾虑的，万一手术中出现突发状况，宾馆是没有抢救措施的。外宾出了医疗事故，就是政治事故，谁也担不起呀。

　　六十多年的外科生涯，经陈易人手上救活的病人不计其数。但是当我问起还记得哪些病人时，陈老淡淡地说，都不记得了。儿媳徐苏丹帮忙回忆起一个无锡的病人——某乡镇企业干部。患者当时在无锡人民医院治疗肠梗阻病，已经开过三次刀了，效果不怎么好，肠漏的后遗症很明显，病人非常痛苦。这个时候，家属听说苏州有个"陈大仙"，于是夜里找到陈易人，哭着要陈医生救命。陈易人沉吟半响说："好，这个手术我接了。"他到无锡人民医院与主治医生会诊，详细了解病人的病史和手术情况后，亲自上了手术台。他知道，三次手术后，病人的肠子已经短得不能再短了，再做手术，即使成功，也可能患上"短肠综合征"，消化问题很大。于是，他在手术台上一寸一寸地计算着肠子的长度，一丝一毫都没有浪费。凭借丰富的医疗经验，他采用了肠子"倒置"的方式，延长了食物在肠内的滞留时间，增加了肠子的吸收功能，手术终于成功了。如今，这位患者已经是当地一家有名的化工企业的厂长。

美国医生特鲁多说过，对医生而言，"有时去治愈，常常去帮助，总是去安慰"。而这一点，在围手术期表现得最为明显。熟悉陈易人教授的学生都知道，陈教授查房特别认真。他特别重视围手术期的护理，因为他觉得手术台上只是成功了一半，还有一半就是术前的准备和术后的护理。陈家孩子都清楚地记得，只要有大手术，陈易人基本上是住在医院里的。遇到疑难病症，手术前后，他往往不思茶饭，研究病案。晚上经常是回来吃一口饭，然后又骑着自行车赶到院里去观察病人。

陈易人查房有个特点，就是亲力亲为，不走过场。手术后，病人插有各种引流的管子，流出的都是污秽的东西，有的是血或者是尿，有的是脓。他都不嫌脏，一定要用手捏一捏，凑到鼻子底下闻一闻。他要通过这些东西来判断手术的成功与否，有没有后续的问题。因为引流液的厚薄、气味可以预示病变的程度和预后，以及并发症情况，很多医生有名气后，就让实习医生去做这些事。陈易人经常是亲力亲为，这是他多年养成的习惯。

陈易人一生简朴。当问及他人生最大的爱好时，他想了想，说，大概就是吃一碗面吧。原来，陈易人有个习惯，手术前一定要吃一碗双浇面，满满一大碗。因为外科手术有时长达四五个小时，早晨吃得饱，中午有力气。很多年轻医生不重视早餐，过了十二点肚子就咕咕叫了，影响手术效果。陈易人一碗面下肚，气定神闲。这碗面，在医院已经成了陈老的标签。有时候，病人家属要感谢他，请他吃饭，他也说就请一碗双浇面吧，呵呵。

当下，医疗尤其是外科技术有了长足进步，中国的外科水平也在国际上崭露头角。有资料说，2017年5月，国际著名期刊《柳叶刀》发布了《1990—2015年全球195个国家和地区的"医疗服务可及性和质量指数"》，中国的医疗质量指数由49.5提升至74.2（全球平均53.7，美国为81.3），排名从原来的第110位提高至第60位，进步幅度位居全球第三。中国在显微外科、手外科、心血管内外科，尤其在心脏介入手术方式上，以及窥镜腔镜介入手术、烧伤科、泌尿外科等很多领域都处于世界先进水平。目前，微创外科、三维重建技术、精准外科、术后快速康复、器官移植等理念和技术更让外科事业如虎添翼。这一方面是由于中国的病患基数大、病例多，但更主要的是得益于中国广大医学工作者在教学科研和实践方面

参加第三届苏州市普外科学年会

的共同努力。不过,当我们在前行的时候不要忘记,有那么一大批如陈易人教授一样的人,他们是普通岗位上的医学工作者,为了中国医疗的进步默默地付出和奉献过。

2019年10月,陈老儿媳徐苏丹女士给笔者发来了一组照片。那是95岁的陈易人教授应邀出席第三届苏州市普外科学年会的照片。这是苏州地区外科医生的学术盛会,陈教授在台上做了热情洋溢的发言。他勉励众多年轻的外科医生们,要确立全心全意为病人服务的思想,树立良好的医德医风,将维护病人的利益、促进病人的康复作为自己的事业追求,并希望他们虚心向师长学习,向同行学习,多读书,多实践,深入病房,关心病人,努力在临床实践中获得真知。

笔者发现,那一天,陈教授的眼神特别明亮,满面笑容。或许,在会上他重新回到了弟子们身边,又和众多的医学同行碰面,仿佛焕发了青春。而苏州的外科同行们没有忘记他,没有忘记他为苏州普外科学发展所做出的贡献。

后来，在采访曾任苏州市第二人民医院副院长的黄士中时，黄教授感慨地说，退休后，陈易人教授为苏州市第二人民医院的外科建设也发挥了余热，担任医院的顾问，把一个只有骨外科的普通市级医院，规划成了外科手术门类齐全的高等级医院，很多大医院的外科手术，二院都能做了。而且，在危急时刻，陈易人教授经常亲临现场，在手术台前解危，挽救了很多病患。时任苏州市普外科学会负责人的黄士中还回忆道，陈教授对苏州的外科学会建设也给予大力支持，帮助推动了苏州整个外科学术水平的进步。

莫道桑榆晚，为霞尚满天。陈易人教授如今是望百之龄，回望人生之路，他有几句格言与后辈共勉。他自己总结有"三乐"：一是助人为乐。医生救死扶伤，给千家万户带去安康。二是知足常乐。他对物质要求不高，从旧时代过来，看到中国经济社会进步很大，医学进步很快，感到很满足，不去奢想一些身外之物，他也没有给儿女积攒下什么金钱。由于退休得比较早，也没有更高的荣誉评定，这些他都不在乎。他的同学和好友，比如吴孟超和黎介寿，很多都评上了院士，成为外科领域的领军人物，他从心底里为他们骄傲。第三就是自得其乐。陈教授没有什么爱好，不烟不酒，年轻时喜欢游泳，现在就是看看报纸，看看孙子孙女们，他喜欢一大家人其乐融融的生活，老夫妻相伴人生，携手百年。

而这，不正是医学工作者毕生追求的目标吗？那就是：让更多的人健康、平安、快乐。

仁心妙手，解痛人间。

专访

成长和求学经历

- 我父亲生病中风时，我只有八岁，那时候曾经想过如果自己懂医就好了，说不定能挽救爸爸的生命。
- 学医相当苦，不是一般的苦。德国人对医学非常严谨，那个时候读医科就要7年。我算是成绩好的学生，学习不是很费力。
- 一个外科医生，理论再好，口才再好，都没有用，要实践出真知，只有开刀水平好才是最重要的。
- 我的胆子大，是因为本领大。有自信，不是盲目的大胆，是建立在精确的医疗科学基础上的，而且要敢于实践。

成长和求学经历

潘 陈老您好，受苏州大学东吴名医项目组委托，我们向您做一个专访。请您简单介绍一下自己家里的情况和小时候的成长经历。

陈 我是1925年1月19日出生在苏州阊门内庙桥的一户小店主家庭。父亲陈永林祖籍丹阳，后来迁居苏州，母亲是南京人。丹阳的皮革和眼镜手艺在江浙一带很出名，我父亲学得一手好皮匠手艺，经常帮人修理皮鞋，在西中市一带有了一定的名气。1924年9月，江浙战争打起，我父亲偶然接到一大单军事生意，是给孙传芳的部队提供皮鞋和皮具。那时候军阀混战，经常要扩充军队，需要军用服饰。那单生意让父亲赚了一大笔钱，从此就发达起来了。后来，我们家在皋桥附近开了一爿皮具店，名叫"陈荣昌皮件"，雇了掌柜和几个伙计，生意十分红火，一时间成为远近闻名的皮具铺子。今天，你到苏州手工艺圈里打听，还有很多老辈人记得这个"陈荣昌"的字号。

潘 陈教授，您还能记得哪些小时候的事情呢？

陈 我只记得小时候经常在店里玩，那时爸爸做皮件活计，店铺里到处都是一张一张的牛皮，满屋子都是牛皮和硝的气味，有点臭的，那时候熟皮子都要用硝。我见到他时，他总是在忙生意，有时和伙计一起干活，叮叮当当地手脚不停。我父亲做鞋的手艺特别好，附近的人都来找他做鞋子。后来生意做大了，他自己就不怎么干活了，都是伙计和徒弟在做。在店里有掌柜的在管事儿，我们小孩子就自己玩，在店里跑来跑去，疯闹嬉戏。

潘 您还记得小时候有什么调皮的事吗?

陈 当时父亲的生意蒸蒸日上,家里的日子也不错。我们家在阊门内买了一个大的宅子。一共有七进,规模不小。前门在东中市,后门在宋仙洲巷。父亲先后娶了两房太太,一共生了十一个孩子。我是第二个太太生的,家里排行老七。记得我和六哥还有几个孩子经常一起在苏州阊门城墙上跑着玩,做游戏。六哥是孩子头,他现在已经过世了。那时爸爸忙着生意上的事,妈妈忙着家务,都不管我们小孩子的,随我们去玩。现在能回忆起来小时候最快乐的事,就是在阊门城墙上一天到晚跑来跑去,一点都不知疲倦。到太阳偏西了,肚子有点饿了,想吃东西了,六哥就去店里问账房先生拿钱。那时候有点怕父亲,不敢问他拿钱的。我们家的铺子里有个专门管钞票的账房周先生,我们去了,周先生都要摸摸我们小屁股,摸一摸给两块钱。哈哈,非常有趣,这个我印象很深。我们拿了钱,就在西中市附近买点心吃。童年记忆里,我爸爸开皮件店生意还是不错的,我们全家孩子大人十多个都住在一所很大的洋房里。现在,西中市改造了,皮件店门面早就不在了。我们家老宅子的位置,好像是在后来一个老的羊毛衫厂的边上,再后来拆了建了新工房。

潘 那后来家道怎么中落了?

陈 后来,在我八岁那年,父亲突然去世,家里的生意一下子就一落千丈。家里兄弟姐妹很多,刚开始还能维持,后来就只能分家了。家里让三哥去投资参股一个小银行,记得好像是投了一万块钱,后来失败了,本金都没有拿回来。我的四哥本来是读了两年南京金陵大学,第三年休学了,当时他英语比较好,就到上海环球电报公司工作。后来他升职了,到天津电报分公司做了总经理(四哥后来患了老年痴呆,中国话都忘掉了,只会讲英语,英语好得不得了。改革开放以后,美国公司还过来找他,给了他几千美金退休金)。四哥担负起家庭早期的担子,照顾我们这些弟弟妹妹,后来我工作后也承担了一些义务。五哥继承我父亲的产业,继续在阊门开皮鞋店。六哥十八岁就出去了,跟四哥学了点发电报的技能以后,就自己到武汉去找事情做,后来去了长江航业公司报务部谋职。我在家里排行第七,我和弟弟妹妹都上过大学的,我在上海上医学院,两个弟妹读的是东吴大学。

我高小是在苏州阊门附近的树德小学读的,中学本来在省立苏州中学读,读了一半就去上海续读。1937年抗日战争全面爆发后,我们一家子就逃到上海去了。印象中母亲叫了一辆三轮车,把家里值钱的东西收拾一下,还变卖了一些财物,记得有一箱子的衣物都变卖了。我们一家,母亲领着我和弟弟妹妹四口人,最后落脚到上海霞飞路（即今天的淮海路）投靠亲戚家。我到上海后接着读中学，就是苏州中学的上海分校，在今天的福州路附近，读了总共五年。我中学毕业时，家里全靠母亲给人家做点零工和亲戚的帮助维持生活，经济很困难，读大学是一个很奢侈的愿望。

潘 陈老，您小时候有没有想到将来会从医？

陈 没有想过。不过，我父亲生病中风时，我只有八岁，那时候曾经想过如果自己懂医就好了，说不定能挽救爸爸的生命。可惜那时候太小了，什么都不懂。

潘 陈老，中学毕业后面临人生的抉择，您是怎么选择读医学的呢？

陈 当时家里经济困难，没钱供我读大学。后来，我听一个同学说，德国人在上海办了一所医学院，免收学费，不过入学很严格。他去读了，也拉着我一起去考这个学校。这所学校早期由德医公会和同济医院等组织发起，叫德文医学堂[①]，后来增加了工科，改名为同济医工学校。到我读书的时候，已经升格为国立同济大学医学院了，不过医学院的具体校务管理还是德国人。

潘 我看了一些资料，据说当年您考取同济医学院还有个故事？

陈 哈哈，是的。当时一起参加考试的人很多，成绩出来以后，要去面试。记得面试的德国考官很严肃，他问了我一个问题：如果你在河的这岸，要准确地游到河对岸的某一点，应该怎样游？我考虑了一下，答道：要先向河水的上游逆水游，然后再向下游，否则就会被水流冲到下游去。两个德国考官交换了一下眼色，点点头，对我的回答很满意。原来，我前面的一位同学，就是因为回答笔直游过去而被淘汰了。因此，我通过了面试，考上了同济大学医学院。这个故事源于我喜欢游泳，平时也喜欢动脑筋思考。因此，游泳就成了伴随我一生的运动。我这个人不抽烟不喝酒，没有什么爱好，就是年轻时候喜欢游泳。

潘 请您介绍一下入学的情况。

陈 上了大学，发现学习是蛮苦的。学医相当苦，不是一般的苦。德国人对医学非

[①] 上海德文医学堂创建于1907年，创建人为德国海军随舰医生埃里希·宝隆。1908年更名为同济德文医学堂。1912年更名为同济德文医工学堂。1917年迁离同济德文医工学堂原址，改由华人接办，先后更名为同济医工学校和私立同济医工专门学校。1923年升格为同济大学。1927年更名为国立同济大学，1950年定名为同济大学。

1951年原同济大学医学院从上海迁至武汉，与武汉大学医学院合并，更名为中南同济医学院。1955年更名为武汉医学院。1985年改名为同济医科大学。2000年与华中理工大学等校合并组建华中科技大学，定名为华中科技大学同济医学院。（据百度百科：上海德文医学堂）

常严谨,那个时候读医科就要7年。我算是成绩好的学生,学习不是很费力。医科入门内科外科都要读,解剖、生理、药理这些都要学,还要写论文、做笔记,要求非常严格,经常学习到很晚才睡觉。我外科成绩还是蛮好的,解剖的成绩也好。那时候,德国教授上课时蛮凶的,讲究课堂纪律和秩序。我印象中有个光头教授,名字好像叫厄特尔(音),教外科学的,手里拿着教棍。我们有时候调皮说话,他就拿棍子敲我们的头,老远就敲过来。被敲一下,还是很痛的。调皮的同学被敲一次,下次就不敢了。

潘　您有没有被敲过?

陈　没有。我还好,上课比较认真,身边有同学就被敲过。

潘　您在读大学的时候有什么故事?

陈　现在回想起来,我读大学时候家里条件差,还是很穷的。母亲一个人养活我们三个子女,家里没有钱,读书感到很拮据。大学三年级以后,我就不住在宿舍里,可以住到家里。有天早上,我在家里做家务,有人来敲门叫我的名字,我听出是我的同学,就故意不开门,我就说我在烧饭,其实我是在家里洗衣服。衣服洗了,还没有干。因为没有换洗的,就躲在家里。那个同学感到很奇怪,为什么在家里烧早饭,还不开门。这件事我一直记得,感到难为情,所以回忆起来感到很苦恼的。我读医学院,虽然不收学费,但是生活费也要不少,幸好我有个四哥一直挂念我。那时候他已经工作了,经常从天津寄钱过来,接济我。我们家的兄弟姐妹感情都非常好,不管谁有困难,都互相帮助,互相支持。

潘　您学医,后来为什么选择做外科医生?

陈　哈哈,我听说外科医生好赚钱,收入高,因此就做外科医生了。这当然是句玩笑,主要是当时民国时期,西风东渐,老百姓开始越来越相信西医,外科医生人家看得起,有本事,会开刀,所以有地位。另外,我想起父亲是中风去世的,也有点想做医生的想法,可以为家里人治病。不过说起学医的事,我还想起一件往事,就是我曾经差一点放弃。有一年大学暑假回苏州,遇到一个以前的老同学,人家都大学毕业了,在一个洋行做着体面的工作,西装笔挺。想到自己要读7年书,还需要3年才能毕业,就有点动摇了。不过,开学返回上海,见到了老师和同学,又继续投入医科学习中去了。

潘　陈老,您读同济医学院,哪几个人对您影响比较大?

陈 首先要说的当然是裘法祖先生①了,他也是我最为佩服的老师。裘老师是我从医多年以来的楷模,他的为人、医术乃至气质风度都让人倾倒。我还记得裘法祖先生第一次给我们上课的情形:他穿一身西装,脚下穿一双白颜色的皮鞋,风度潇洒,气质绝佳,口才又好,技术又强,一下子就把我们这些学生震住了。裘先生是从德国留学回来的,一口流利的德语,又轻松幽默,通俗易懂地就把医学理论讲明白了,我们都喜欢上他的课。不过他上课学生必须用德文回答问题。所以,我们的德文都非常好,过去多年了,我还能记住不少德文。我带博士和硕士研究生时,还能看懂德文的医学资料,都是那时候打下的底子。

潘 您给我们说几句德文?

陈 Ich bin Arzt.我是一个医生。

潘 哈哈,不错。那么裘法祖先生对您具体有哪些影响?

陈 裘先生上课认真,思想开放,学生不紧张,都愿意上他的课。但是他对学生的要求非常严格,他有一句话,我至今记忆犹新,那就是:做外科医生,刀一定要开得好。也就是说,一个外科医生,理论再好,口才再好,都没有用,要实践出真知,只有开刀水平好才是最重要的。因为,手术是人命关天,是生死门。所以,后来我也是这么要求我的学生的,就是一个字:严。裘先生继承了德国人的医疗思维,宽松不能造就一名好医生。做医生,一定要严。我又继承了裘先生的思想。我自己一辈子开了上万例手术,成功率很高,就是靠这个"严"字。因为对学生严格,很多学生都很怕我。你看我现在很慈祥,是因为年纪大了。我没有退休的时候,是院里有名的脾气暴躁,学生们私下里还给我取了一个外号叫"陈始皇",哈哈。还有,我特别讲原则,院里同事也开我玩笑叫我"陈大炮"。不管怎样,严格地讲,一个医生在业界和患者中的口碑,就是靠医学水平得来的。

潘 您后来和裘先生都有哪些交往?

陈 我读书时成绩好,裘先生就很喜欢我。后来,整个同济医学院迁到了武汉。等到我在江苏省有点名气,是外科的学科带头人后,到武汉进行业务交流时见过裘先生。我到了武汉,很多同学都到车站来接我。裘先生听说我来了,专门请我和夫人到武汉大饭店吃饭,还邀请了很多武汉的同学来作陪。他说,陈易人刀开得好,

---

① 裘法祖(1914年12月6日—2008年6月14日),浙江杭州人,著名医学家,中国现代普通外科的主要开拓者、肝胆外科和器官移植外科的主要创始人和奠基人之一、晚期血吸虫病外科治疗的开创者、中国科学院资深院士,被誉为"中国外科之父"。其刀法以精准见长,被医学界称为"裘氏刀法"。

是我的得意弟子，我就喜欢开刀开得好的学生。哈哈。裘先生的学术成就很大，后来成为中科院院士，是中国外科医学的奠基人之一。

潘　您在同济医学院读书时，和同学有交往吗？

陈　有的，我们苏州同学有两三个，大家关系都不错。不过，我和一个马来西亚归侨的关系也很好，这个人就是吴孟超。我们成绩都非常好，经常一起交流学习的情况。后来，他的成就也最大，成为当今外科领域的佼佼者，也是军队医疗系统中少有的几位院士。前几天看《新闻联播》，他得了国家科技进步奖，受到国家领导人的表彰，我也感到非常高兴，向他表示祝贺。他在上海第二军医大学时，我们经常有来往，有时候他也邀请我去上海交流会诊，有时候苏州医院有什么问题，他也会派博士生过来交流。

潘　我看了您在1947年同济医学院的毕业照，当时您的名字叫陈银生，为什么后来改名叫陈易人？

陈　是的，陈银生是我父亲给我取的名字。我们是小商人家庭，喜欢金银宝贝（开玩笑）。哈哈，我太太姓金，她也是商人家庭，我们两个结合是有金有银。我在上海读医学院时，有一次乘公交车，忽然看到路边有个广告牌子上有"易人"两个字，我很喜欢，觉得这个像医生的名字，于是就取为自己的名字。易人，既有平易近人的平等观念，也有改变人间、改变病人命运的含义，就这样改叫陈易人了。

早年的从医历程

潘　陈教授，您大学毕业后，怎样走上从医道路的呢？

陈　我毕业实习是在上海第一医院，那时是1949年4月，上海要解放了。5月27日，我记得很清楚，那时候解放军进了城，和国民党兵打巷战，争夺北四川路的一座桥，我们在医院的楼上都可以看见，子弹声音很尖锐，从楼上走廊里穿过。交战就有了伤员，他们就抬到医院里来。我们院里的医生就帮忙治疗，我作为实习医生，给他们打下手。后来，我的四哥从天津过来看我，医院不让他进来，只好在门房打公用电话，传呼我过去接。打一通电话要收一块钱。"喊157号来听电话。"那时候实习医生没有地位，只有编号。

潘　后来您是怎么回到苏州的？

陈　我毕业的时候，刚好是1949年6月份。当时国内到处都在打仗，国家还没有完

陈易人早年时的照片

全解放，于是就回到了苏州。当时苏州有个美国教会办的博习医院，我也没有进医院，就和一个张姓医生开了一家私人诊所。因为那时候西医已经逐步深入人心，代表着西方的先进技术。苏州有几家私人诊所，大部分是中医，少数几家西医诊所，医生年纪都比较大了，我是新毕业的德国医学技术的代表。在当年开诊所可以赚钱，在医院赚不到钱。我们诊所名字叫"人和诊所"。

潘 请您详细介绍一下开办诊所的情况。

陈 我们的诊所开在观前街西面的察院场，当时苏州观前街西面很繁荣，像电报大楼都是在那附近开办的。我们的诊所很现代化，特别安装了一个霓虹灯，晚上开起来一闪一闪的。你想那时候苏州的红绿灯都是没有的，只有诊所有霓虹灯，还是很时髦的。那时候条件也蛮好的，诊所有一个大冰箱，用来放药剂针剂，楼上楼下的邻居有时候会借用冰箱放点冷鲜食品。诊所还有电话和唱片机，唱片机经常播放当年的流行歌曲。我们还雇了一辆黄包车，作为出诊的交通工具，车夫叫阿四。

诊所是我们两个人一起开的，那个合伙人不好好干，老是去谈女朋友，和女护士搞暧昧。所以病人基本都是我看的，不过赚到的钱我倒要分他一半。

特别好笑的是，那个时候我大学刚毕业，也没有什么医疗经验，凭的是一股子初生牛犊不怕虎的闯劲。记得刚开的时候很多同行还不服气，觉得我年纪轻轻就敢在苏州开诊所。附近有个许医生，也是开诊所的，就有点瞧不起我。后来几次出诊后，发现我的医疗技术还不错，而且什么毛病都能看，就不敢小看我了。

其实呢，有时病人打电话过来说要看某方面的毛病，我也是心里没有谱的，不过我马上翻书，看书上是如何治疗的。有时候遇到急诊，我在车上就记下了书上记载的诊断方法，然后再去会诊，真的是蛮刻苦的。就这样，一点点地积累了一些经验。那时候，开诊所是什么科的病都要看的，生生地把自己锻炼成一个全科医生。

潘 陈教授，您开诊所的时候是多大年纪？

陈 那时候刚毕业，才25岁，就走上医疗道路。今年我虚岁95了，时间如流水，一晃儿就70年过去了，恍如昨天。

潘 看过哪些病人，还有印象吗？

陈 多得很，想不起来了。不过，那时候苏州能看得起医生的都是有钱人。我记得公园路有个朱家的三姨太一直来看病的。那可是苏州有名的有钱人，她定点在我这里看病。其实也没有太大的毛病，就是富贵人家养尊处优，一点小感冒都要瞧医生。那个朱家，我赚了他们不少钱。哈哈。

潘 您那时候出一次诊多少钱？

陈 十几块钱，那时候算不少钱了，一般人家都出不起。当时苏州人开始相信西医了，尤其是一些做生意当官的有钱人家。否则我的生意不会好的，不会有人来找我看病的。不过，我喜欢杀富济贫，遇到穷人家，我会少收点钱，便宜点，有时候还送点药给他们，等于帮我做活广告。我的诊所一共开了两年多，一直开到1951年，响应国家号召，加入到集体医院里去了。

潘 我听说，您在开诊所时最大的收获是遇到现在的陈夫人？

陈 那时候，我妹妹在东吴大学读书，她在学校里很活跃，就认识了我太太金珍元，带她一起到诊所来玩，这样我们也就认识了。后来我才知道，金小姐是苏州城赫赫有名的商号采芝斋老板的女儿。当时采芝斋是我未来的岳母当家，她听说女儿认识了一个开诊所的医生，就以看病为名，到诊所来看我。一看诊所条件和我本人，觉得都蛮好，就认可了这门婚事。

我的丈母娘是一个很有生意头脑的人，她觉得要把诊所收拾得漂亮点，要包装一下。她家里有钱，就找了个专门负责挂号的人，常包了一辆黄包车出诊用。刚开始，诊所的生意还不大好，岳母就经常带着我，让我穿上西装，戴上金丝眼镜，拿上手提包，一起到苏州城里兜兜转转，访友拜客。别人都问，这是哪位先生啊？岳母说这是苏州城里有名的人和诊所的陈医生。于是，我很快就在富商圈里有名

1947年，国立同济大学医学院毕业照（前面第一排右八为裘法祖，第二排左六为吴孟超，第三排右一为陈易人）

气了，等于给我做了活广告。后来，苏州人都知道我了，他们不叫我陈医生，都叫我"采芝斋的女婿"，哈哈。

潘 您在诊所的技术提升怎么样？

陈 上个世纪50年代初，我记得当时忽然流行一种组织疗法①，是由苏联传进来的，是从眼科角膜移植开始的。当时中苏关系比较好，中国很快就引入了这一医疗技术。当时使用的组织从角膜、玻璃体、晶状体、视网膜，到皮肤、皮下组织、肌肉、骨骼，后来到肝、脾、睾丸、卵巢、甲状腺等，甚至后来还有应用植物组织的，像什么芦荟叶、龙舌兰、车前子等。用适当方法将上述组织处理后高温灭菌，再通过植入法等应用于人体来治病。我记得我的诊所也引入了，好像还用来治疗哮喘等好几种病，在人身体上切一个小口子，塞一块组织进去。不过它的疗效真的一

---

① 组织学疗法发明人是苏联医学家弗·彼·弗拉托夫（Владимир Петрович Филатов），他原本是一名眼科医生，一直从事角膜移植的研究和临床。据说有一次他实验应用冷藏的角膜，发现效果比新鲜的角膜还好。后来，他将这一疗法推广到其他疾病的治疗。比如将冷藏的皮肤移植到狼疮患者的身上，获得了一定的疗效。有了眼科和狼疮患者成功的病例，他将这种疗法概括为一个理论——生原性刺激学说。

般,后来这个组织疗法也就销声匿迹了。所幸,我的诊所从来没有出过医疗事故。

潘 陈老,您这人胆子挺大的。

陈 我的胆子大,是因为本领大。有自信,不是盲目的大胆,是建立在精确的医疗科学基础上的,而且要敢于实践。后来我总结我一生之所以外科手术做得比较好,和我的胆大心细有关系。后来,我也是这么教育我的学生的。

南通、苏州的医疗实践

- 我一生中有好几个勤奋的阶段，第一个是在上海学习的阶段，第二个就是这个时候。我勤奋开刀，不断提升实践能力。
- 后来我一直很重视论文和医学理论的总结。那个时候，我学用并举，用理论来指导实践。
- 我觉得作为一名外科医生，不但要手术开刀做得好，还要注意手术后期的护理。很多人都忽视了这个问题，以为开好刀就万事大吉了。
- 对我们外科医生来说，时间就是生命。多耽误一秒钟，就可能错过抢救的最佳时间。

南通、苏州的医疗实践

潘 陈教授,您讲讲开诊所后和刚参加工作的情况。

陈 我是1951年结婚的,那一年上半年还在开私人诊所,做私人医生,1951年下半年诊所就关掉了。因为当时根据国家的政策,社会上不需要私人医生,所以私人医生全都并到公立医院里面去了。我们的诊所也响应政府号召,合并到新成立的康复医院里去了。

潘 当时您在康复医院做哪一科医生?

陈 还是做外科医生,要开刀的,大多是慢性病开刀,没有什么急诊。这个康复医院是1951年成立的,当时叫苏南康复医院,主要是收治抗美援朝时期志愿军的伤员,给他们做一些康复治疗。地址就是现在的苏州市第三中学附近,是后来的苏州专区医院的前身。

潘 还记得有什么开刀的案例?

陈 很多的,想不起来了。那时我很年轻,做了不少例手术。记得有一个从前线回来的张政委,战场上脚受伤瘸了,过来看病。我帮他做了一些恢复性手术治疗。后来他病好了又返回前线了。

在康复医院有个人给我的印象很深。他叫赵霖,原来是上海第一人民医院的,他比我大七岁,手术做得比较好,是我在上海进修、实习的时候认识的。康复医院成立后,我觉得医院缺好医生,就用个人的力量把赵医生拉过来一起工作,调到了康复医院。后来又一起到南通医学院工作,再一起回了苏州。之后,苏州派赵霖去贵州支援医疗建设，就留在了贵州。当年，我通过人才引进把他从上海拉过来，没有想到他后来去了偏远的贵州，一家子都受了苦，本来人家在上海蛮好的，直到退休才回到苏州。为此，我深感歉疚，感觉对不住赵医生。所以，后来我们生活条件好了，每年我都要孩子们给贵州的赵医生寄送东西和钱，帮助赵霖医生。

潘　您在康复医院一共工作了几年？

陈　一年左右吧。

潘　您之后又去了哪里？

陈　后来筹建公立苏北医学院，一部分苏州医生到了南通医学院①，我也跟着去了。记得我当时去了骨科，主任姓沈，于是我就跟着他做骨科医生。我当年开诊所时是全科医生，到了康复医院以外科为主。而到了南通就分科了，于是就做骨科医生。后来南通医学院又分出苏州医学院，我又跟着回到苏州。我开始想做胸外科医生，因为胸外科是外科的尖端科室。但是胸外科医生很多，竞争比较激烈，我也不愿意和他们争抢，就到普外科去了。

潘　那个时候您在南通，多久回来一次啊？

陈　在南通的那时候很辛苦，因为家在苏州，小孩子也在苏州，只有我一个人在南通。从南通回来很麻烦的，先要从南通坐轮船到上海，再从上海坐火车回苏州。平时都是自己烧点吃吃，每月都写信给家里。我们在南通的一批同事，想家了就会在一起聚一聚。那时候我大部分精力还是放在工作上，就是开刀，就是拼命工作。我们外科医生做到后来，像强迫症一样，就没什么情趣的，以开好刀为乐趣。

离开家是我情感上非常失落的一个时期，但也是造就了我事业上专心致志工作的一个阶段。所以从南通回来以后，在我们那拨人里面，我因为锻炼的机会多，逐渐成为一名医疗骨干，苏州医学院也比较看重我。不过，我从南通回来在苏州医学院时，开始还有点"水土不服"，很多人开始并不认可我。因为一方面觉得我不算是标准的学院派（指不是博习医院的美国医疗体系），因为在社会上行过医，是

---

① 南通医学院的前身为私立南通医学专门学校，由清末状元、近代著名教育家、实业家张謇创建于1912年，迄今已有90多年的历史，是国人最早创办的高等医学院校之一。从1927年起，学校数易其名，先后称为私立南通医科大学、私立南通大学医科、私立南通学院医科。1952年，学院改建为公立苏北医学院，1956年改称为南通医学院。1978年，学院隶属交通部和江苏省双重领导，以交通部为主；2000年，在高等教育管理体制改革中，学院划归江苏省人民政府管理。南通医学院于2004年11月28日并入南通大学。（据南通医学院官网资料）

诊所医生，有点像江湖郎中一样。当时苏州医学院的很多医生都是留美的，是博习医院出来的，而我是从德国人在上海办的学校出来的，就觉得我不够学术派。

潘　那么您是怎么扭转这一不利局面的呢？

陈　入门先挑三年水。在事业之初有点辛苦也是正常的，不过我凭借自己的勤奋和努力最终赢得了大家的信任。我一生中有好几个勤奋的阶段，第一个是在上海学习的阶段，第二个就是这个时候。我勤奋开刀，不断提升实践能力，手术水平越来越高，最终获得了他们所谓学院派的认可。这其中，有两个人值得纪念，一个是人民医院的老院长肖伯先，还有就是后来的院长陈明斋[1]。

肖院长是我的前辈，刚开始不认可我，觉得我是一个小年轻，又在社会上混过，肯定水平一般。当时肖院长认可的都是业内比较厉害的医生，后来有台手术让他认可我了。一天晚上，第四人民医院（当时的专区医院）忽然有个急诊手术，临床值班医生开不下来，打电话到第一人民医院求援。火线告急，肖院长一时找不到更合适的人，就让我去了。没想到我到了现场，处置得及时，手术很顺利，解决了四院的难题，对方很感激我们医院，称道我的医术好。这样，肖院长开始对我刮目相看了。后来，这个肖院长做了专区医院院长，带着我到苏北去支援医疗，对我的技术一直认可。

后来就是陈明斋院长，他一直要我读书，看医学杂志，了解国内外的医学动向。我有什么技术上的问题就去请教陈院长，结果陈院长什么都没说，拿了一大摞书给我，意思是我不是学院派，是社会诊所出来的，要好好读书钻研。那个时候我就开始发奋学习医学理论，我说我一定要超过院里的一般医生，一定要把缺的那部分理论给补回来。后来，这一大摞书我都读完了，提升很快。我这一辈子，一直认为不要怕别人看不起你，人首先要自己争口气。

我就硬着头皮开始啃资料，提升理论水平。埋头资料堆里好几年，觉得受益匪浅。所以，后来我一直很重视论文和医学理论的总结。那个时候，我学用并举，用理论来指导实践。做手术前，如果觉得这个手术有难度，或者有些地方还没有搞

---

[1] 陈明斋，外科学家。江苏苏州人。1939年毕业于协和医学院，获医学博士学位。1949年留学美国。1950年回国。历任苏州市第一人民医院外科主任、副院长，苏州医学院教授和附属第一、第二医院外科主任、副院长，附属第二医院院长。九三学社社员。1951年在国内首先介绍麦克凡氏腹股沟斜疝修补术；后提出血吸虫病性大肠炎与结肠癌的相关关系，并得到证实。编有《外科学》一书。（据百度百科）

陈易人教授在钻研业务

清楚，我就马上去看书，查阅资料，了解别人的经验，然后再去开刀。开好刀以后回来再看一遍书，我这个方案和书上讲的是不是一样，再看手术后的恢复过程跟书上描述的是不是基本相符，还是我做得比书上还要好。通过这样的理论和实践的互相校验，我的医疗水平得到了飞跃和提升。

记得有一次，我遇到了一个疑难病例，忽然想起陈院长让我看的一本杂志里有介绍，于是找到了手术的路径，开了刀，很成功。自那以后，我也一下子打开了技术瓶颈，手术水平突飞猛进，成为院里的年轻骨干之一。

潘　您那时有哪些比较成功的病例可以介绍一下吗？

陈　大概是从南通回来的时候发生的事，可能是1962年吧。有一天，有个企业的车间工人，好像叫顾祥生，从高处跌下来，内脏受伤了，昏迷了一段时间。送到我们医院后，当时很多人都觉得抢救不过来了，后来我亲自主刀，做了手术。病人一点一点恢复知觉，到后来终于苏醒了。为了照顾这个病人，我有一个礼拜没有回家，天天住在医院里，观察病情，做好手术后期的护理。最后，经过几个月的治疗，顾祥生居然痊愈康复了，又回到了工厂。这在当时苏州的医疗技术条件下，就算是一个奇迹了。后来，苏州日报社有个记者叫姜平通的，写了一篇报道介绍这个事情。这也是我第一次接受新闻采访，在院里出了一次小名，哈哈。

后来，我丈母娘很有意思，她虽然不识字，居然买了一大沓当天的报纸，见到亲戚朋友就发，说"我女婿出名啦！"这件事我印象特别深，那些报纸几十年后翻箱底的时候，还有几张呢。

其实我很感激我的丈母娘，她非常有眼光和头脑。那时候她就认准我能当医生，觉得我将来会有成就的，虽然成就也不大。不过现在我觉得还是对得起她对我的期望的。

我和太太刚认识的时候，别人就说陈家家道没落了，女儿嫁给一个社会医生不划算。那时候我夫人既漂亮又有学历，是东吴大学毕业的，那个年代女子读大学不多的。人家跟我丈母娘说，这个小子没有钱，是个穷医生。不过我岳母不在乎钱，她说，我家里有的是钱，我看重的是人品，是事业心。

陈易人教授早期在苏州医学院附属医院的工作证

潘 那您方便讲讲您的家庭和婚姻吗？

陈 当时我的妹妹是东吴大学的学生，是一个活跃分子，我太太也喜欢参加学校的活动，她们是上下届校友。我妹妹知道她是苏州老字号采芝斋老板的女儿，那时候采芝斋是有名气的。她们成了闺蜜以后，妹妹就带着她到我们诊所来玩，认识了我。后来我未来的丈母娘就到我们诊所来，以看病的名义观察我，发现我人品很正派，事业有前途，那时候西医很吃香，就一眼相中我了。我们结婚后，1952年就生了长子陈锦骅，之后我就到南通去了。后来回到苏州后，又生了次子陈锦骐。老大现在移居美国，在某大学当教授，教历史。他有个女儿，现在是美国的心理医生，也算作为第三代继承我的医疗事业了。

潘 您当时为什么从南通回来？

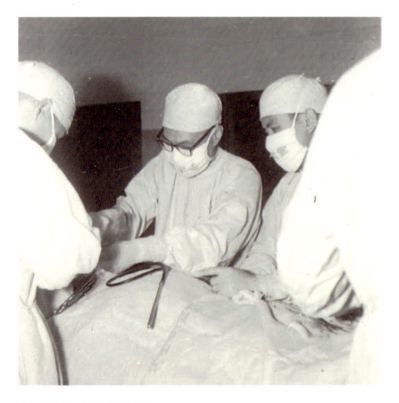

陈易人教授早年做手术的场景

陈 上世纪50年代下半段社会变动比较大,单位一直变,我对自己有个要求,就是想找一个稳定的,对自己技术上有帮助的医院,要固定下来安稳做医生。我后来去了南通以后,正好赶上组建苏州医学院,有部分人可以回到苏州。组织上问谁愿意回去,我说"我是苏州人,我回苏州好了",于是我就回苏州参加医学院筹备了。回来后先是在阊门附近的苏州第五人民医院,它是苏州医学院的一个附属医院,这个医院后来并到第一人民医院了。

潘 陈老,您在外科这么多年,有哪些和普通医生不一样的职业习惯,值得别的医生借鉴的呢?

陈 我觉得作为一名普外科医生,不但要手术开刀做得好,还要注意手术后期的护理。很多人都忽视了这个问题,以为开好刀就万事大吉了。其实不是这样的,很多医生因为疏忽,患者术后出现了并发症或者后遗症,不得不二次开刀,我们行话叫"二进宫",这不但给病人造成了身体上的痛苦,还有可能拖延病情,出现新的情况。我在普外科这么多年身体力行,也言传身教各位弟子,都是非常注重术后观察的。比如,病人在手术以后有各种引流的管子,如果是我当班查房一定不是走过场。病人的那个引流管都是污秽的东西,要不就是血,要不就是尿,要不就是脓什么的,我都不嫌脏,一定都要去闻一闻,用手捏一捏,我要真的看到它的本质,从中判断手术成功与否,有没有后续的问题。很多有名气的医生都让下面的实习医生去看这些,我都是亲力亲为的。因为引流液的厚薄、气味可以预示病变的程度和预后及并发症情况。一般来说,手术第二天我都要亲自去查房,自己去看这些东西,这是我多年养成的习惯。

潘 陈老,我听说您有几个有趣的习惯,一个是吃面,一个是穿套头衫,还有一个是骑自行车,能给我们聊一聊吗?

陈 哈哈,这些都是医院同事们和我家里人给我总结的。

吃面,是指我在早晨必定要吃面,而且是吃一碗双浇面,必须吃饱。有时候在家里吃,有时候到附近的面馆里吃。这个习惯已经有70多年了,每天不吃面就像没有精神一样。为什么要吃面?一个是我们苏州人的习惯,早晨要吃面。我是觉得,早上喝粥什么的,吃不踏实,因为我是要每天上手术台的,一站就是一上午,有时候遇到大手术要开刀到下午一两点钟,人很紧张,体力消耗大。很多年轻医生不爱吃早餐,结果到了十一点半肚子就咕咕叫了,手也抖,心也慌,怎么能做好手术?我是一碗双浇面吃下去,定定心心站到底,手上有力道。这个习惯伴随了我很多年。

所以，我说养生不要千篇一律，适合自己的就是最好的。

第二件事是穿套头衣裳。我这个人不讲究吃穿，衣服也不讲究什么名牌。但是不论冬夏，有一样，衣服必须是宽松好穿的。比如冬天我有一件衣服，是扣子扣好，从头上一套就可以穿上去的夹袄，几秒钟就可以穿好。为什么？因为过去我的急诊特别多。电话一打来，马上就要出门。如果衣裳一件一件穿，容易误事。对我们外科医生来说，时间就是生命。多耽误一秒钟，就可能错过抢救的最佳时间。所以，多年来，只要家里的电话铃一响，我就会以最快的速度穿衣出门。

第三件事，就是我有一辆陪伴了五十多年的自行车，是我的交通工具。在没有汽车的年代，那可是一件重要的家庭财产。我那辆车是兰令（Raleigh）牌的，英国进口的，现在年轻人也喜欢的山地车品牌。不过我那辆是老爷车了，是用脚倒刹车的，质量非常好，到90年代还能骑。这辆车很威风，国内当时有自行车的都是什么永久、凤凰。我每次出诊就骑着它，接到电话就飞奔下楼蹬上自行车，飞快地骑到医院。我家到医院不远，骑过去六七分钟就能到。马上换衣服，洗手进手术间。

有个故事，我和你们讲讲。我经常夜间出急诊，身上总要让我太太放上十块钱。60年代运动多，晚上治安不太好，我说遇到抢劫的人，我就把十块钱给他，然后我好去救病人。不过，一次也没有遇到过。哈哈。

从昆山到响水、太仓

- 脾脏是造血的器官,脾脏肿大了,引起病变,就要切掉。
- 和昆山不同的是,昆山是作为医疗队去支援的,而响水是带有知识分子改造的性质。
- 看到学生有成绩,我很开心,这是我觉得最有成绩的地方。
- 我的人生格言就是『三乐』:一是助人为乐,二是知足常乐,三是自得其乐。

从昆山到响水、太仓

潘 陈老,我看过您的简历,在上世纪60年代,您作为医疗队成员下乡支援乡村卫生建设,曾经去过昆山,您能给我们讲讲昆山的情况吗?

陈 大概是1963年左右,我被苏州市卫生系统派到昆山去支援乡村卫生建设。当时,昆山县经济很不发达,还是个普通农业县,在苏州地区排名最后,号称"小六子",哪像现在是全国百强县第一名?县里经济不发达,卫生条件也不好,尤其是下面的乡镇卫生院。昆山地处水网地区,地势低洼,血吸虫病①流行很厉害。这个毛病造成了当地人的一个特殊病情,就是脾脏肿大。我到昆山主要是做脾脏手术。

潘 您一共在昆山待了多久?做了多少例手术?

陈 大概前后去了三次,每次三五个月,总共做了三百多例手术。当时巴城②卫生

---

① 血吸虫病是由裂体吸虫属血吸虫引起的一种慢性寄生虫病,主要流行于亚、非、拉的73个国家。血吸虫病主要分两种类型,一种是肠血吸虫病,主要为曼氏血吸虫和日本血吸虫引起;另一种是尿路血吸虫病,由埃及血吸虫引起。我国主要流行的是日本血吸虫病。晚期血吸虫病肝硬变患者由门脉高压引起的肝脾肿大、腹水、腹壁静脉怒张等改变较为突出,肝细胞功能改变较轻,肝表面高低不平。门静脉性肝硬变表现为乏力、厌食、黄疸、血管痣、肝肿大显著甚至缩小,不易摸到表面结节,且有活动性肝功能改变,如转氨酶增高等。(资料引自网络)

② 巴城镇是江苏省历史文化名镇,隶属于江苏苏州昆山市,已有2500年建置历史,东邻上海,西连苏州,区域面积157平方千米。先后入选"2018年度全国综合实力千强镇前100名"、第七批中国历史文化名镇,凭借昆曲入选2018—2020年度"中国民间文化艺术之乡"名单。濒临阳澄湖,盛产大闸蟹。

院有个王医生，每次我做手术他都在旁边观看，看我如何操作。我就手把手教他，后来他们自己也掌握了一些手术技巧，可以应对一些简单的病情了。脾脏是造血的器官，脾脏肿大了，引起病变，就要切掉。脾脏主要是参与自身免疫系统的，特殊情况下拿掉没关系。但是脾脏手术在当时来讲，限于乡镇的医疗技术条件和水平，还是很危险的，主要是会引起大出血。大血管一出血，如果控制不住的话，人就死掉了，所以没有人敢开。不过我敢开，我在昆山做了好多脾脏手术。

潘 至今为止，您在外科手术上有没有失败过？

陈 基本上没有失败，少数有点并发症，发现后经及时果断处理就好了。我年轻的时候开脾脏本事大得不得了，人家都叫我开脾专家，哈哈。当然，在乡下也救活了很多人，解除了不少人的病痛。

潘 您当时手术做得好的原因是什么呢？

陈 我自己总结行医的经验，那就是四个字：胆大心细。脾脏血管很大，本身就是储藏血的地方，假如一个不当心，血管没有处理好的话，血出来就不是一点点的，是喷溅式的，病人就会有生命危险。那我采用什么办法呢？我用手压的办法，压住血管以后再做手术，压了以后马上把其他地方的血弄干净，然后再用管钳夹住血管，这个时候要左右手并用，还要手疾眼快，动作要麻利。那个时候限于条件，用器械止血的办法少，我就徒手上，人家不敢捏，我就发明了捏血管的办法。这都是当时医疗条件差逼出来的。后来，到了八九十年代，这个手术根本不算什么了。我开过最大的一个脾脏，比骷髅头还要大，一出血就哗哗的，血马上就滋到手里了。我一把就掐住，马上控制住，然后开刀。那个病人后来治好了，还专门来苏州，到我家里来感谢我。

潘 在昆山行医那么多例，有没有记得住的什么病例？

陈 我在昆山遇到过一个小孩子，只有十一二岁，急性脾脏肿大，可能是寄生虫感染，情况很危急。当时没有人敢给孩子做手术，因为年龄太小，危险系数很高，当地医生束手无策。后来，他们找到我，我看了看情况，说我来吧。我亲自上手术台开刀，那个王医生在旁边给我做助手。小孩子血管细，脏器功能弱，更要处处小心。我当时也年轻，才三十多岁，年富力强，精神旺盛，天不怕地不怕。结果手术非常顺利，开刀的效果蛮好。术后我也很精心护理，孩子一个月后就恢复了。孩子的爷爷非常感动，说我救了他孙子的命，后来专门带着孙子到苏州找到我家里表示感谢。我白天上班，那时候家里有个保姆在，保姆还请爷孙俩吃了饭。我晚上下班

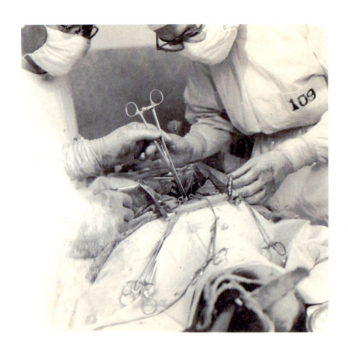

陈易人教授早年在巡回医疗手术中

回来,保姆说起我才知道这件事。后来过了好多年,他们还经常来感谢我。

潘 做手术时,遇到危险,您有没有害怕过?

陈 不怕的,越开胆子越大。后来,我开脾脏出了名,沪宁线上不少医院都请我去开刀,无锡、常州、镇江都请过我。有一次镇江一个医院叫我去开刀,遇到了一个疑难病症,复合型的病人,脾脏肿大,身体情况很糟糕,当地医生不敢开。我说你们不要怕,我来指导你们开。于是我给他们示范,教他们处置办法。结果手术很成功,他们心服口服,说苏州医学院的医生还是很牛的,很多医生一起请我吃饭,哈哈。

潘 我们在家里坐而论道,讲手术,陈老,您能否给我介绍一下手术刀?

陈 (从抽屉里拿出一把手术刀和部分手术器具)手术刀是像美工刀一样的片子,也叫柳叶刀,真正的手术刀只有这么大,一个小刀片插在那个上面。这个有柄的叫持刀器,可以换刀片的。这是剪刀,这是镊子,这是血管钳,这个就是止血的艾利斯钳①。你看这个刀片不一样，这个是用于破皮的，这是尖的，是用于划皮的，还有圆的是用于割组织的，这个是用在精细的地方，有个东西卡在上面。以前我自己会用刀来削自己的手指甲，以练习准确度。

潘 陈老，除了去昆山以外，您后来还曾经到盐城地区的响水县做过医疗活动，您能给我们介绍一下吗？

陈 响水是1967年去的。和昆山不同的是，昆山是作为医疗队去支援的，而响水是带有知识分子改造的性质。到响水，还有一点惩罚我的意思。因为当时的运动形势，讲究出身论，我是小店主家庭出身；另外别忘了，我还是苏州老字号糖果店"采芝斋的女婿"呀。所以我就和另外几个医生还有学生一起到盐城去锻炼一段时间。其实，我对改造也好、惩罚也好，都没有什么意见，只要我不离开医疗岗位，能为老百姓服务，有刀开就行。因此，去响水这个艰苦地方锻炼，我根本不在乎，反而更加努力地做了好多成绩出来。所以，这个所谓的知识分子改造，对我反倒不是坏事。

潘 您能讲讲当时到了响水，开展医疗救助的一些具体情况吗？

陈 响水是盐城地区最北面的一个县，刚刚建起来，北面是一条河，挨着连云港，东面是黄海，到处都是盐碱滩。那个地方苦得不得了，我们去了以后，住到县城旅馆里。旅馆有个服务员，是个老太，第一天，她说的话我还记得，讲苏北话："啊哟喂，你是来开刀的啊，不得了不得了。"可见这个地方很少有医生来，缺医少药，条件十分艰苦。那个旅馆卫生条件也不大好，里面有很多臭虫，我问那个女服务员怎么办，她说把衣服吊起来，于是我天天晚上把衣服吊起来，打赤膊，什么都不穿，裸体睡觉，哈哈哈。我因为要去乡下巡回医疗，公共汽车司机都晓得我，知道我是苏州来的开刀医生，所以公交车看到我都会等，让我先上去。司机说，这个先生他要救人的。所以我乘车总是先上去的。还有一个故事，也很好笑的，当时我们的出诊工具只有一辆载人的人力三轮脚踏车，有一次要赶一个急诊手术，我要那个师傅快点，但那个人年纪大了，骑不动。我就说我来骑，你坐在后面。我骑车，司机坐车，结果我骑得比他快多了。

后来我在响水开刀，开出名了，把当地的干部群众都镇住了，大家都很佩服。

---

① 艾利斯钳，即Allis钳，是一种手术器械。艾利斯钳是组织钳，也叫鼠齿钳，因为英文名字是Allis，所以也经常音译为艾利斯。手术结束经常用艾利斯钳来捏紧缝合的皮肤。

那个地方濒海，空气潮湿，鞘膜积液病人多得不得了，我记得在那里开了几十个这样的病例。我们当时领队的是工宣队的唐队长，刚开始不让我乱说乱动，不让我出去开刀，管着我。后来发现我是来这里救命的，帮助老百姓的，对我的态度也就慢慢转变了。

潘 这个唐队长是因为什么事情发生了转变呢？

陈 这里面有一个故事。我那时候在响水县六套乡，有天晚上去村里会诊。我印象很深，有个急诊女病人肚子痛，一检查发现是宫外孕，情况十分危急，下边大量出血，如果不送医院肯定要出事，有可能危及生命。我知道这种病人是要马上开刀的，但是当时交通非常不便，又是晚上，没有车子到县城。这可怎么办？我又不是妇产科医生，也不敢随便动手术。但是，看着产妇不断地呻吟，家属焦急的眼神，我就跟医疗组负责人说，这个产妇如果不开刀会出人命的，情况危急，就让我来吧！村干部和家属商量了一下，就同意了。他们在村里临时搭了个手术室，我简单准备了一下。我虽然不是妇产科医生，但是人体的基本生理解剖结构我都学过的，于是我操刀上了阵。手术很顺利，病人也转危为安了。当天手术很紧张，做完已经很晚了，所以晚上就没有赶回县城。做完手术，没有晚饭吃，只吃了一碗冷粥，然后就在村里休息了一下。

第二天早上我赶回住地，带队的唐队长很严肃地质问我：为什么一晚上都没有回来？干什么去了？我说我不是在玩，我在那开了一个晚上的刀，不信你去问一问。由于一晚上没有休息好，还被怀疑，我也很生气，嗓门也很高，他就不响了。后来，生产队长和工宣队长意见不统一，一个觉得是要奖励我，一个主张要批评我，褒贬不一，双方还专门为这个事召开了会议。后来村里好多群众听说一个医生因为救人命被批评，都纷纷找过来说应该鼓励，于是一锤定音。

工宣队了解到我真的在六套乡做了一个手术，救人一命，从心底里还是很感动的，再也没有找过我的麻烦。而且，我在响水当地一下子名气就响了，苏州来了一个医疗队，里面有个小陈医生，医术顶呱呱。他们给我取了一个外号"小白求恩"，哈哈。后来，那个工宣队的唐队长还和我成了好朋友，交往多年。

潘 当时的乡村医疗条件确实不好。

陈 苏南还马马虎虎，苏北地区确实困难。那个时候是没有像样的手术室的，大队里搭一个棚就开始手术了。苏州医学院后来开门办学，1966年曾经到苏州地区太仓县璜泾乡，冬天做手术，我都是自己生炉子，当时外科手术室里是没有暖气的。那时候一起工作的有一位太仓医院的女同事，跟我一起生炉子的，就这么认识了，后来她女儿徐苏丹成为我的儿媳妇，也是工作结缘的。

在响水，也是这样一个简易棚子，要开几十个刀。那时候，冬天冷得不得了，没有热水。做手术的敷料像纱布啥的都是自己洗的，就在水里面洗。苏北的冬天，气温在零度以下，冷得不得了，蛮苦恼的。当时响水人民医院院长姓马，我们都叫他马院长，他对我挺好的，看到我们食宿条件差，偶尔会炖鸡给我吃，因为当地实在是没吃的。这个也让我在响水下放期间，感受到了一丝人间温暖。

潘 在响水，您还有什么其他收获吗？

陈 在响水，我还培养了一个学生，名叫蔡忠。他是1963年的医学院毕业生，我当时在响水人民医院下放，他是院里有培养前途的青年医生。他认识我后就一直跟着我学习开刀，临床观摩，我手把手带他，也毫无保留地重点教他开刀。后来蔡忠的医术进步很快，等到我回苏州后帮他联系到苏州医学院附属第一医院骨外科进修。他在响水医院原来是主任，后来是院长，一直当到卫生局局长，后来专门到苏州看望过我几次。看到学生有成绩，我很开心，这是我觉得最有成绩的地方。

我到响水去的时候，原来在医学院的7个学生，跟着我一起去了。按照工宣队的要求，一边锻炼一边培养学生。我本来是去接受改造和培养学生的，后来就变成了在响水大开刀，手术越做越多，忙得不得了。学生找工宣队告状，说我没有时间带他们。工宣队领导来调查，我说我到响水来，就是向工农学习，应该为基层贫下中农服务的，而不是仅仅为这7个学生服务，何况带学生的时候还长着呢。工宣队领导听了，也没有话讲，我胜了。那个时候，学生都很神气，好多后来都成了造反派，老师地位反而很低。

潘 您把每一次机会都当成锻炼，所以才能成为专家。那么，1966年到1976年这段时间，您有没有受到什么冲击和影响？

陈 运动当中，我受到的影响不算很大。我们医院的老院长陈明斋先生，理论水平很好，不过他很谨慎，很多手术都让我来做。因为我的胆子大，愿意上手操作。那时候他受到很大冲击，造反派开大会要斗那个院长。后来下边有造反派说他不大开刀的，哪个开刀的？是陈易人开的。好，让我去陪斗，于是我稀里糊涂就去陪斗了，我从会场后面被拉到前面去陪斗的。这次斗得没名堂，刚开始我气得不得了，心想这些小孩子都在胡说八道，你们斗，斗我什么，我也不听。我这个人心态比较好，哈哈哈。

我后来无论是被医院派到哪里，都把这些当作开刀锻炼的机会。只要让我开刀就行，我的医疗水平就是这样一点点提升的。

潘 实践出真知，看来果然是这样的。

陈 我每次下去都是这样，开始别人把我当成是臭知识分子，开几个刀下来，好了，群众和领导都对我好了，然后我就春风得意地回来了。那个时候物质不丰富，农民很淳朴，就给一点花生米皮蛋鸡蛋，最多就是一块咸肉之类的，但都是表达大家对医生的尊敬。

刚才说到去太仓锻炼，也是这样的。璜泾乡也没有手术室，都是搭个大棚，作为临时手术室。我不怕苦，每天早上起来先吃一碗面，这就是最大的犒赏。

潘 您早上的一碗面，已经成为医院圈里众人皆知的典故了。

陈 是的，雷打不动。每天早上起来我先吃一碗面，在太仓也是这样的。隔壁面店老板认识我了，看见我面碗里放一块鱼加一块肉，就问我为什么每次要吃这么多。我说我做手术开刀要用力气的，他说怪不得。从那以后，面店老板知道了我是苏州来的医生，每次给我的面里放的肉会大一点，爆鱼也给多点。

吃好了面，然后我到临时手术室，先要生煤炉。那时候条件真差，没有开水，都要自己烧。我自己生煤炉，清洗敷料，洗煮消毒器具。每天开刀，每天都要生煤炉。

潘 您每天早上要吃双浇面是全院闻名的。

陈 开刀的话就到外面吃，因为有时家里没有浇头。今天要开刀了，我就到朱鸿兴面馆去吃，一块鱼一块肉，吃完了肚子饱，开起刀来有劲。手术当天早上都是一块鱼加一块肉，后来就变成我的标配了，很多同事和学生都知道。我儿媳进陈家门后，从不喜欢吃面到喜欢吃面，就是被我同化的。

我在太仓开门办学的时候，学生都愿意跟着我，因为我是开刀水平好的医生嘛。开好了我就请学生助手一起吃饭，所以学生都喜欢跟我。学生跟着我有刀开，实践的机会多。有时候上面本来是叫我去改造学习的，但是我觉得可以开刀就是对我的最大奖赏，因此没觉得苦。生活上，我对物质方面不是那么在乎，既不讲究吃，也不讲究穿。我一直说，老百姓不管你是什么人，开好了刀，救死扶伤，人家就感激你。就像在响水，医学院的工宣队队长本来是要改造我的，后来居然慢慢地被我改造了。那个工宣队队长对我很好，他认为我是干事的，为人民服务的。

潘 通过这些开门办学或者下乡，很多基层农民认识了您。

陈 是的。在昆山、太仓一带的乡下，我还是小有名气的。我大儿子陈锦骅当时在昆山陆杨乡插队，有次我从太仓回苏州路过昆山，顺道去看望儿子，买了点白菜和肉带给儿子。结果不知道怎么就走漏了风声，周围几个大队的农民蜂拥过来找我看病。一个下午，门口就排起了长龙。大家听说苏州来了个陈医生，就全都来看病了。我也不好推辞，只好看起了门诊。一个大队的病人看完了，另一个大队又排着队来了。这个时候，我饭也没有吃，水也没有喝。一分钱不收的专家来义诊，农民都开心死了。后来，直到黄昏也没有见到儿子。还是我儿子的同学记得叫我，说家里有急事，这样才算脱身。不过，我觉得，当时的乡村医疗条件太差了，我非常同情农民。记得有一次，一个当年响水的病人到苏州来看病，看完没有路费回家，找到我家，敲门找陈医生，家里人给了他钱，让他买车票回了盐城。

现在想想，那个时候从事医疗工作都是为了开心，扶危救困，解除病人痛苦，没有市场经济概念，不像现在很多医疗机构都是为了钱，有些医生也只认钱，不讲医疗道德了。

潘 您那个时候开门办学都是带本科生吧？

陈易人教授参加硕士论文答辩会（后排左一是高敏主任，前排左一是汪良，左二是胡振雄）

陈 是本科生。到1981年被评为硕士生导师后才开始带研究生。我感觉自己做了几件重要的事，一个是上世纪八九十年代，把苏州医学院附属第一医院普外科建设成了江苏省内有名气的技术高地，后来退休后又帮助苏州市第二人民医院建设外科；还有就是帮助科里同事晋升职称，那时候我是省外科学术委员会的主委，参与高级职称评审，就把医学院落下的学术落差补上去了；另外就是，我做了很多年的苏州医疗事故鉴定委员会主任，处理医患关系是非常有经验的，纾解了不少社会矛盾。

潘 陈老，我听说您的人生有个"三乐"，能和我们说一说吗？

陈 呵呵，那是我的人生格言吧。一是助人为乐。医生救死扶伤，给千家万户带去幸福和健康。二是知足常乐。我这个人对物质要求不高，从旧时代过来，看到我们国家进步很大，医学进步很快，感到很满足，不去奢想一些身外之物。虽然我没有给儿女积攒下什么金钱，退休得比较早，也没有更高的荣誉评定，但这些我都不在乎。我的同学和好友，比如吴孟超和黎介寿，很多人都评上了院士，成为外科领域的领军人物，我和他们关系都非常好，学术交流很多，我为他们骄傲。第三就是自得其乐。我没有什么爱好，不烟不酒，年轻时喜欢游泳，现在就是看看报纸，关心孙子孙女们的生活，我喜欢一家人其乐融融的生活，因为家庭幸福是人生最大的幸福。

普外科建设和手术病例故事

- 我判断一个外科医生好坏,只有一个标准,那就是刀开得怎么样。人命关天,医生刀开不好就是一个庸医,误人性命。
- 那时候,我暗暗给自己定了一个目标:要把苏州的普外科在江苏省提升到前沿水平。
- 我觉得,做外科医生,不但要能动手,还要能动笔,就是俗话说的能文能武。我一共带了三十几名博士和硕士研究生,有一个重要的要求就是要会写论文,把自己的学术经验固化。
- 我经常总结:不是我开刀的本领有多大,归根结底一个好医生就是要有一份责任心。

普外科建设和手术病例故事

潘 陈老,您在附一院普外科当主任时是怎样做学科建设,把苏州的普外科带到全省领先水平的?

陈 你别看我现在老了,变得很慈祥了。其实我年轻的时候,尤其是我当科主任的时候蛮凶的,非常凶,不是一般的凶,以至于学生偷偷给我取了一个外号叫"陈始皇",哈哈。不过,我这个人对工作是认真,凶或者说严格就是表现在工作上。我判断一个外科医生的好坏,只有一个标准,就是刀开得怎么样。人命关天,外科医生开不好刀就是一个庸医,误人性命。你开刀开得好我就喜欢,我就用开刀作为标准,这按理说是不对的,不过我一直坚持这一点。我后来带了那么多的博士和硕士研究生,就是这一个标准,否则你再会溜须拍马都没有用。刀开得好我就喜欢,开不好刀我就不喜欢,随便你怎么溜须拍马我都不喜欢,做外科医生最重要的就是刀要开得好。

潘 您是什么时候当的科主任?

陈 开始是普外科主任,后来做大外科主任,大概是上世纪80年代。我是2000年退休的,不再带研究生,后来返聘,一直到85岁才离开手术台。最后一台指导性手术是在常熟开的,我印象非常深刻,是请去会诊开刀的。我的从医经历超过了半个世纪。我85岁以后不做手术,专看门诊。说实话外科医生不喜欢门诊的,因为不开刀,只是嘴巴上讲病情,很没劲。门诊看到88岁,在苏州市立医院和常熟第二人民医院,一直是作为定期的专家去看的。88岁我生了胃癌,接受手术后就离开医

与同事在一起

院，在家里休养了。

潘 您有没有统计过一辈子做了多少台手术?

陈 没有统计过。我前几天看《新闻联播》，看到我同学吴孟超教授刚刚退休，他比我大几岁，说一辈子做了上万台手术。我没有他那么多，想想六七千台总归有的，还有很多现场的指导不算。

多年来，我养成了一个习惯，每天早上七点半上班，七点钟我一定会出现在科室里，坐等昨天的晚班医生来交班。下面科室的年轻医生都知道我这个习惯，所以他们也不敢睡懒觉，其他人也从不迟到，科室风气非常正。除非我出差在外，否则每天早上都是雷打不动，风雨无阻。工作其实是我生活的全部，我这个人一不吸烟，二不喝酒，平时也没有什么应酬和爱好，我把所有精力投入工作上了。每天早上我都会带队查房，学生们跟着我，大家都知道我有这个习惯，病人的排泄物、管子里的体液我都会去闻、去看、去摸，亲自要做这些检查，后来很多优秀学生也跟着我学。还有，我是没有假期的，不要说国庆、中秋，我这个人几十年来都没有好好在家里过春节，家里人刚开始有些抱怨，后来也就习惯了。因为春节假期我总是要到医院去看看的，看看病人，问问情况，这对他们也是一个心理安慰。

潘 您的严格管理在医院里是出了名的，学生们是不是很怕您？

陈老 我这个人严归严，但还是讲道理讲情理的。比如当年我们科里有位医生，平时工作不是很专心，刀开得也不好，老是以各种理由不停地请假，我心里很反感。有次他又来请假，我说你一定要请假那你就不要回来了。后来，我准了他的假，但是回来我就让这个医生离开普外科到别的地方去了。还有一个医生，老家是苏北的，平时业务非常好，也不怎么开口向组织提困难。有一次难得家里有急事，要请三天假回老家。我帮他算了一下路上时间，就说你来回路上时间不够的，我再加你两天吧。他听了还不相信呢，我真的给他加了两天假。后来，他私下里对同事说这个主任"结棍"（苏州话厉害的意思）的，请假还给加假。呵呵，那时候休假超了都要扣钞票的，我就给他多加了两天。

我做大外科主任的时候，对整个医院外科的发展，特别是普外科，都有自己的想法。那时候我暗暗给自己定了一个目标：要把苏州的普外科在江苏省做到前沿水平。这个目标当时是有一定难度的，当时江苏省医疗基础好的城市有南京、南通、镇江和徐州。苏州医学院是从南通医学院分出来的，在江苏医学界是小弟弟，更别谈技术领先了。所以当时我花了一点工夫，对医院普外科室加强了管理。举个小例子，管理就是要从细微处着手，我有一个最基本的想法，就是细节管理，因为细节决定成败。我觉得我们医院的厕所不大灵，医院好歹也是个窗口单位，督促了几次还是觉得打扫得不太理想。后来，我就说我自己来，我自己连续几天去打扫厕所，一定要达到我的要求。后来，科室里的医生发现陈主任每天一早到单位就打扫厕所，于是就默默地跟我学，上班的第一件事就是搞卫生。等于说我做了示范给大家看。科室里的厕所干净了，其他管理效率都上来了。什么事，都需要领导率先垂范，要求别人的，自己首先做到，后面就没有难事了。

潘 打扫厕所当然是小事，但一屋不扫何以扫天下？不过，我听说，科室的进步和您的一项要求有关，那就是写论文。

陈 是的。我觉得，做外科医生，不但要能动手，还要能动笔，就是俗话说的能文能武。我一共带了三十几名博士和硕士研究生，有一个重要的要求就是要会写论文，把自己的学术经验固化。这不但对自己的学术经验是一个总结，对其他同行也会带来很好的启发和帮助。我自己也带头做到,我在八九十年代写了很多论文,退休后自己统计了一下,仅第一作者的就有70多篇,编撰的书籍有《外科学》《临床医护技术操作》《腹部急症学》《外科围手术期护理》等多部。

尤其是写了很多关于门脉高压的论文,在《中华外科杂志》《中华实验外科杂志》上发表过。我后来还写过一本书,就是那本20世纪90年代写的《外科围手术期护理》,这本书在外科医学界反响很大。

我在医院里就是实干类型的那种人,什么事都身体力行,这对下面来说就有说服力了。我对科室医生要求有两个方面的强项:年纪轻的人要多看书多写文章,写论文;到了一定年纪,就要多开刀,多实践,这样才能提高自己的技术。比如医疗基本技术,我就告诉这些初入行的医生我自己在实习的时候每天打多少个结,而住院医生阑尾炎手术要开多少例,外科医生某类手术要开多少例,我都是有要求的。每一级医生,比如主任医生、副主任医生每年手术要开多少例,都有量化考核指标。要求年轻医生写文章,写文章再结合实践就能对事业发展有帮助。我对

边带孙子边看学生的论文

医院普外科是重点抓的。就这样子，一步一步地往前走，后来苏医的普外科在江苏省做出了名堂，至少做到了江苏省内的领先地位。我后来做到了江苏省医学会外科委员会主任委员，连黎介寿院士都对我敬重几分。

潘 陈教授，您为什么那么重视论文的写作？

陈 在上世纪80年代初，经过十年动乱，很多人都放下书本不写文章了，特别是外科医生。所以，我对临床医生在写科研文章方面是有一定要求并下了工夫的。我会每年给科里的每个医生制订计划，准备写什么文章，写了后我会利用业余时间帮助他们修改，一稿、两稿甚至三稿修改完了，再帮他们推荐到相关杂志发表。那个时候，像《外科》杂志啊，《江苏医学》《综合临床医学》（现已更名为《中国综合临床》）杂志等，我都是编委。年轻的医生写文章，没有人修改指导就不容易发表，我可以义务帮忙修改和推荐。当时科室里那些医生都觉得压力山大，因为他们擅长动手不擅长动笔，都是被逼着写论文。刚开始有点苦不堪言，但等到升职称的时候都非常感谢我，因为他们觉得陈主任是真心为了他们好。那个时候没有论文就评不了职称，所以我会每年想办法让他们发表文章，当时苏州医学院医生的论文发表情况在全国外科医学领域也是数得上的。

后来，我儿媳妇徐苏丹在医院里工作，她就成了信使。那个时候没有手机，医生们都到苏丹那个科来找她，请她带论文初稿回家给我看。我修改后再带回去转给他们，然后他们再改。我记得让年轻外科医生写文章方面，我是蛮下功夫的。我自己年轻时写文章很有体会，如果没有老师给你修改，不容易发表。有时候如果没有人推荐，往往会石沉大海。我做科主任时，在学术推动方面感觉做得蛮好的。外科医生只管开刀，不太会写，内科医生相对会动笔，外科医生这方面确实比较薄弱。由于我抓得紧，说好几月份交稿，到了时间必须得交，否则是过不了关的。

我和一些学术杂志也一直保持着密切联系。我原来是《中华外科杂志》《中华实验外科杂志》《综合临床医学》等外科医学杂志的编委或者副主编，有的是学术顾问。他们一直往我家里寄杂志。我都退休二十多年了，他们还寄给我。像这本《实用外科杂志》，前年才停止给我寄。这本杂志是北方的医学会办的，当时想到南方来打开局面，找到了我。我给予他们不少支持，推荐订阅，让学生们在上面发表论文，后来果然影响力上来了，订阅量很大。这本杂志已成为我们外科圈里的权威刊物之一。

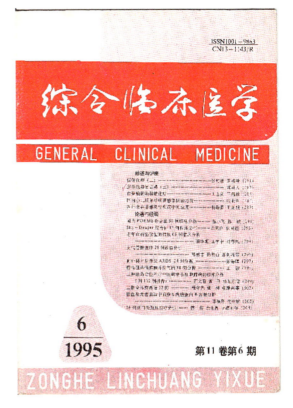

《综合临床医学》杂志

潘 陈老,您在江苏医学界以胆大心细严格闻名,尤其是以"接刀"著称,请您讲讲这其中的故事好吗?

陈 我总结,开刀要胆大心细,有的刀不是不好开,而是你不敢开,胆子大,敢开了,就解决问题了。当然这个胆子大不是蛮干,而是建立在深厚的学养和经验判断基础上的。后来,我做了江苏省医学会外科学术委员会主委,名义上是江苏省外科一把手。有次,我被请到镇江滨江医院去会诊。当时有一个病人,已经开了一次刀,效果很不好,结果镇江的同行就不大敢开第二刀了,叫我去。我仔细观察了病人的现状,了解了第一次手术的情况,又详细研究了病例,和相关主治医生交流以后,我大胆拍板,可以开,我来开! 于是当天我就穿上手术服,进到手术室里去了。后来,这一刀很顺利,成功了。那个病人后来恢复得很不错。镇江的同行从此对我们苏州医学院的外科技术刮目相看。后来,无锡、南京、南通、常州的医院经常喊我们医院的专家过去会诊。

现在我封刀了,可以吹吹牛了。我开刀基本上是不出事情的,尤其是第二刀,我们外科有个术语叫"二进宫",搞得不好病人就死掉了,所以一般人不大肯接第二刀。我也不是很喜欢接,但到我手里的我都不会拒绝,有时候严重的病人还要开第三刀甚至第四刀。

我记得有一次到无锡参加一个会诊,那个病人就是开了很多次刀后找到我的。那个病人好像是无锡县的,是名肠梗阻病人,在当地医院做了三次手术,都没有解决一个"漏"的问题。肠漏是外科医生最怕的事,病死率极高。当地医院向我求救时,这位患者伤口已经裂开,流水出脓,看见由瘘孔翻出来的肠子,病人已经奄奄一息,家属也已联系准备后事了。作为外科医生,我清楚地晓得,三次手术以后,肠子已经短得不能再短了,再做手术,即使成功,也很容易得"短肠综合征",吃啥拉啥。经过认真分析和研判,为了挽救病人的生命,并尽可能地提高他的生活质量,我就在手术台上一寸一寸地给他计算着肠子的尺寸,一丝一毫都不浪费。根

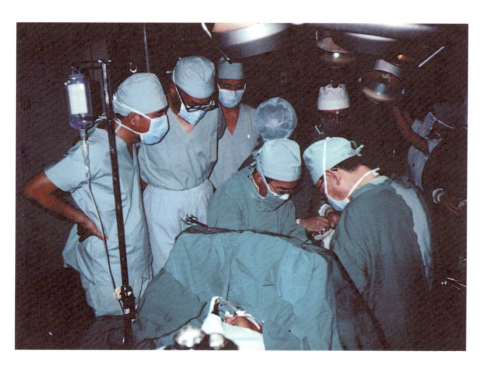

陈易人教授在手术中

据多年的临床治疗经验,我找到一个办法,那就是采用肠子"倒置"的方式,延长食物在肠内的时间,增加肠子的吸收功能。

后来,手术非常成功。当时无锡的同行们非常佩服,都伸出大拇指赞叹。这位在我手上获得第二次生命的病人,当时好像是一名乡镇企业的中层干部,现在已是无锡当地一家有名的化工企业的厂长了。

潘 陈老,您在科里是不是也接同事和学生的刀呢?

陈 这个我绝对不推脱。对于科里的有些疑难病人,同事或者学生搞不定的,一定会找到我。对于"二进宫"病人,科里不管是哪个医生找到我,我都肯上的。我觉得做科室带头人,就是要有担当。

潘 您一生经历那么多,能再讲几个开刀的具体病例吗?

陈 印象比较深的一次,是帮一个英国人开刀。大概是1976年左右,他好像是得了急性阑尾炎。我记得这个病人是一个研究马克思主义的专家,到苏州来参观,突发疾病,肚子痛得不得了。我接到电话,要求我到苏州饭店去看病人,说是一个外宾。那个时候苏州市政府外办的一位孙姓副主任跟我说,这个病人很危急,本来要送上海的,但是怕途中有危险,经请示上级就在苏州医治。他对我说,我们马上布置一个房间,就在苏州饭店里,因为这里条件比医院好,就在这开刀。当时我们医院的条件确实不好,经过动乱和运动,到处都破破烂烂的。但是我坚持说,没有在饭店开刀的先例,这个刀我不开。孙副主任很惊讶,我说医院虽然蹩脚,但总还是医院,各方面抢救设施都到位,如果中途发生了危险,这个责任谁负?因为患者是英国人,那个时候碰到外国人都要仰头看,他们觉得医院条件很差,最好在宾馆舒适。当时时间紧迫,在我的坚持下,病人被用救护车送到医院做了手术,后来手术很顺利。就是个阑尾炎,对我们外科医生来说不算大手术,只是手术对象稍微特殊了一点。不过大家也都担着风险,如果出问题,那可能就是个政治问题。那个英国人回到国内后,很感激我,还专门给我写了一封感谢信。

潘 从这个事例看,您确实是陈大胆。哈哈。

陈 在我眼里,病人都是一样的。医生必须一视同仁,给市长看病和给普通百姓看病应该是一样的。现在社会上有些地方的风气确实不好了。我们那个年代还是讲究规则、讲求良好的医疗风气的。

潘 您做了这么多例手术有没有失败过?

陈 不大有。什么叫不大有呢，就是我对术后控制得非常好，主要是监控有无并发症。而一有并发症，我就会急得不得了，晚上觉也不睡，饭也不吃，甚至住在医院里守候着，千方百计也要把病人救下来，所以大多数并发症都被我扳过来了。

我曾经到盐城专区总医院会诊，当地比较客气，是专程邀请我去的。有一天吃过早饭我去查房，发现医院里面的饮用水不太好，而病人喝了这种水，会产生并发症。因为盐城当地的水质不好，含有大量的碱。当时还没有纯净水，我就赶紧提醒医院。那个时候院长还说没有问题，我说这哪里能行，弄得不好还要再开刀的。我讲了以后他们没有在意，结果过了一天就开了第二次刀。盐城医院的那个主任本来不买我的账，结果这个事一出，他立马服气了。后来还专门请我吃面，我说我不要吃好的，只要吃面，双浇头，一个鱼一个肉就可以。哈哈。

我经常总结：不是我开刀本领有多大，归根结底一个好医生就是要有一份责任心。所以人家都说，做陈易人的病人是很开心的。

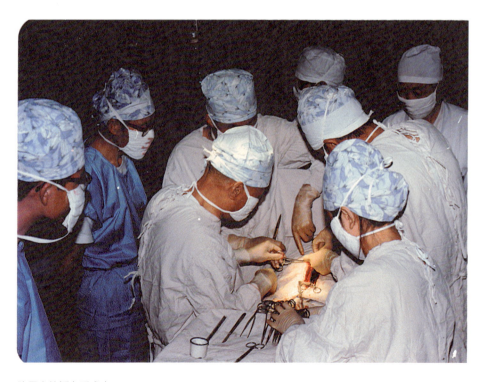

陈易人教授在手术中

潘 确实是这样的。所以说医生应是妙手仁心,中国古代儒家颂扬孝道有割股疗亲的故事,做一名优秀的医生对待病人其实也是这样,您对待患者就有割股之心。请再讲几个病例听听。

陈 患者太多了,我都记不住。我印象中还挽救过一名肠病患者。那人是一个名裁缝,肠病很厉害,到别的医院做手术,医生给开坏了,后遗症频发,患者濒临生命危险。后来托人找到了我,我仔细研究了病情,给他开好了,后来恢复得非常好,几乎和正常人一样。手术后,那个患者一家开心得不得了,经常到我家来感谢我。上世纪80年代,那时西装都是要做的,不是买现成的,那个裁缝就专门到我家里来给我量尺寸,帮我做西装来表示感谢。后来我出国的西装,所有要定做的衣服,都是那个裁缝师傅包办的,他总是拿着个皮尺到家里来量,来感谢救命之恩。这个人我记得的。

我开刀大多数是成功的。而且对"二进宫"病人,打开病人腹腔时,我还能知道别的医生哪里开得不对。在向学生讲授时,我会告诫他们开刀需要注意的要领。这些不通过千百次实践和钻研病理,是不会搞通彻的。

还有一个病例,我印象也蛮深刻的。那就是东山的黄永年老师,他是个"三进宫"的患者。他得的毛病是缺水性坏死性小肠炎,治疗了几次,效果都不佳。1988年,他女儿哭着找到我家里,求我救救她的爸爸。那时候,我记得自己刚刚有了孙子,家里很热闹开心。看到病人的样子,我责无旁贷,答应帮助他解除病痛。

这个患者救过来很不容易。说实话,上世纪80年代,我对肠子的治疗也不是很精通,我擅长的是脾脏和门脉高压的治疗。但是,我这个人很爱钻研,没有治疗过的疑难病例,对我是个挑战。于是我做了很多前期的准备,翻阅资料,了解病况。对自己来说,这确实是一个崭新的领域,借此也开拓一下,提升一下自己的医疗水平。说实话,治疗过程中我还是捏了一把汗的。我自己后来开玩笑说,是稀里糊涂救过来的,就这么开好了。事后回过头来总结才知道,哦,是这么个病例,是这样做才对的。

内外部医疗学术交流的开展

- 我们医疗访问团到日本以后,他专门开了一个手术给我们示范,显示了日本同行在这方面研究得比较深邃。我回来以后就把它在苏州推广开来,一直做了好多年。
- 现在,中国医院的硬件设备和国外已经没有差别了,就是这三十多年追上来的。下一步需要提升的是管理和制度建设,因为医疗改革关系千家万户的身体健康。
- 我和南京军区总医院的黎教授在学术上进行了比较多的切磋和交流。我们两个人私交也变得很好,就在这个基础上开展了江苏省内医院的外科学术交流。

内外部医疗学术交流的开展

潘 我了解到,您在当医院普外科主任的时候,有个很重要的举措,就是加强对外和对内的学术交流。当时苏州医学院附属第一医院很早就与国际领先医疗机构日本名古屋大学附属医院进行了学术交流。请您介绍一下这个情况。

陈 其实是这样的,1980年,恰好有一个日本名古屋医疗友好访问团到苏州访问,顺便参观了我们医院,和我们的内科有一些联系。我抓住这个机会就认识了其中一位外科主治医生青木春夫先生,他在名古屋医院有一个手术工作室。后来,找了一个机会,我们院里派我和同事到日本回访。到了名古屋的青木手术室,我一看人家的医疗技术确实比我们先进,他们开刀演示给我们看,尤其在治疗门脉高压方面在当时是处于世界领先水准。我是研究脾脏外科的,这门技术刚好是脾脏手术的重要环节。当时我就被他们的手术方法迷住了,于是就赶紧学习,并且和青木先生建立了联系,表示愿意把他们的手术方式引到中国。名古屋大学附属医院很高兴,他们的手术方式有机会到中国苏州推广了。这个手术方式就被命名为青木春夫式手术,可以说,这是苏州医学院较早引进到国内的。

我这里稍微解释一下,这是个医学常识。门静脉在肝十二指肠韧带处,位于肝动脉和胆总管后方。这里有一根血管叫门静脉,负责肝脏供血,门脉内压力不能高,高了的话肝脏就吃不消了,脾脏就会变大,脾脏太大就会出毛病,所以要想办法不能让它高起来,如果高了就要做缓解门静脉高压的手术。日本的这个青木春夫医生在这方面是比较有特长的。我们医疗访问团到了日本以后,他专门开了一个手术给我们示范,显示了日本同行在这方面研究得比较深邃。我回来以后就把它在苏州推广开来,一直做了好多年。手术效果基本上是不错的,有一定疗效。

其实,和日本建立医学联系主要是为了提升我们自己的医学技术和理念。我们先后派了好几批医生到日本名古屋医院学习,像后来担任我们医院院长的钱海鑫医生及高敏医生等都曾经到日本交流过。去日本学习,除了学习他们先进的医疗技术以外,更重要的是学习他们的医疗理念和护理理念。这样,没用几年,我们整个普外科的治疗水平、管理水平和手术水平就迅速提升了,很快就冲到了江苏省的前列,在核工业部系统也颇受瞩目。

潘 您对青木春夫门脉高压手术还有哪些学术上的整理和沉淀?

陈 青木的手术方法引到国内后,我们做了很多例手术,总结了一些经验。我还先后写了几篇论文,如《青木春夫式断流术》《青木春夫式断流术再出血的处理》

陈易人教授和苏州医学院同事访问日本

青木春夫（右一）设宴接待中国客人

等，发表在1986年至1990年的《实用外科杂志》上。

第一次引介青木先生的手术方法后，我们在1984年就做过一些初步的探讨。后来在1990年的这篇《青木春夫式断流术》论文里，我又详细地根据近十年的165例临床病例和研究，进一步谈了一点体会，在这里也不妨和医学界的同行交流一下。今天看来虽然这一技术不乏陈旧，但是实际上我注意到直到2016年仍然有医学同行在写论文研究青木春夫手术，说明它还是有一定价值和意义的。我给你看一下（下文为采访者据《实用外科杂志》1990年第10卷选摘）：

我科沿用日本青木春夫（Aoki）提出的阻断门奇血流手术（原名脾切除及黏膜保存胃离断直达手术）治疗门静脉高压伴食管静脉曲张和/或曲张静脉出血，已近10年，兹结合我们与青木外科于1986年11月在大阪举行的日本临床外科学会上共同发表的165例临床资料，对该术式做进一步介绍并谈几点体会。

一、该术式的理论依据和目的。门静脉高压伴食管静脉曲张的发病机理，一向认为是肝内、外静脉系统流出道血管阻力增加所致。众所周知，脾切除可使门脉压下降,尤其是巨脾切除可下降近0.98kPa(10cmH$_2$O),这说明经脾动脉流入门静脉系的血液增加与门脉压增高有关。以往对此流入血量增多因素考虑不多,部分日本学者根据实验研究发现,胃左动、静脉之间小分支扩大开放(A-V Shunt)可使胃左动脉血流过多地流向门静脉系统,造成胃贲门附近的局部性门静脉高压状态而引起食管胃底部静脉曲张。临床实践中也观察到有两种类型的胃左静脉(胃冠状静脉)血流状况,其中之一与A-V Shunt关系密切,实际例数不少。本手术即在此基础上提出,要求达到:

1. 切除肿大的脾脏,改善脾功能亢进。2. 切除大部分小网膜组织(肝胃韧带)以消除A-V Shunt造成的局部性门脉高压状态。3. 结扎切断所有食管胃贲门周围血管,以阻断管壁外的门奇侧支循环(含高位食管支、胃后静脉等)。4. 结扎胃底部黏膜下血管,以减少胃壁内反常血流。5. 辅以食管胃折叠术、迷走神经干切断术和幽门成形术,借以防止返流性食管炎、一时性吞咽障碍、缝合不全或血供不良引起的胃泄漏以及继发性消化性溃疡等并发症。

二、适应证及禁忌证

1. 门静脉高压伴食管静脉曲张和/或出血。2. 脾切除或分流术(脾肾、肠腔)后食管曲张静脉破裂出血。3. 一般断流术(指单纯胃冠状静脉结扎、切开胃贲门部黏膜下曲张静脉缝扎)后食管静脉破裂出血。4. 上述三种情况,如肝功能符合Child A或B级者,不论择期或急症施行手术都可以。如属Child C级,务必做适当的术前准备(如气囊压迫止血),以改善全身条件,使急症转为择期是上策。5. 有黄疸应列为禁忌。重度腹水宜积极消退后再考虑手术,中轻度腹水亦要审慎对待。

三、操作细则

1. 麻醉与切口　多数采用连续硬膜外麻醉。急症、出血量大及全身情况差者,以全麻为宜(青木外科均用全麻)。几乎全部用左上腹旁正中切口,下缘近脐孔或略超过。个别采用L形、左肋缘下(斜或横)切口,均不开胸。

2. 探查、测压和造影　进腹后先了解肝脏的大小及硬变程度,脾脏的位置及有无粘连和其性质:膜状、索条状、血管性和个别血吸虫病的胼胝状。粘连或剥离时如过多渗血,常不易完成本术式。门脉压测定可经脾穿刺肠系膜静脉小支或胃网膜右静脉,我们常用后者的属支。有条件者可造影,以窥察胃左血管及食管贲门部的侧支变化,一般经上述后两者径路,插入细导管即可。造影虽费时费钱,但对临床确有指导意义和科研价值。

3. 脾切除　常规游离脾四周韧带。如脾动脉位置浅表、易剥离或脾周粘连,则可先双重结扎脾动脉。我们大多不先结扎脾动脉,如因经验少、结扎不妥引起意外出血,常影响操作、干扰情绪。脾蒂动静脉争取稍予剥离,分别双重或贯穿结扎,设法避开胰尾。"大块结扎"(含血管、胰尾及附近组织)易导致术后腹腔内出血、持续发热及渗液多等并发症。粘连分离后脾窝渗血以缝扎为宜。

4. 血行阻断顺序

(1) 胃贲门周围血管离断　从胃左右网膜血管交界处开始,切断结扎胃大弯侧近端所有网膜上血管(含网膜右血管)及与胃底部相连的胃膈韧带。再将从胃小弯侧胃左动静脉起始,向近端胃壁供应的所有血管切断结扎,逐步到达食管胃交界处。循序渐进,看清每一小支,逐个处理,切勿贪多求快,要求不损伤血管。有时血管颇粗且壁薄曲张,一旦刺破出血,极为被动。

(2) 消除胃左动静脉分流(A-V Shunt)区域　从食管胃交界处环向肝左叶边缘,切除包括已分离的胃左血管在内的大部分小网膜(肝胃韧带)。切端逐一妥善结扎。如遇到血吸虫病肝硬变者,该韧带增厚变硬,个别如若肉芽肿样,当钳夹切断后,其断端必须用较粗丝线缝扎,普通结扎极易滑脱引起出血。

(3) 下段食管周围血管离断　在食管胃交界处前壁,常有小片脂肪组织覆盖,内含几支细小血管,均需切断结扎。推开覆盖组织,就可找到迷走神经前干,即切断结扎。然后从食管左或右侧开始,逐渐向上分离1~2 cm,找到迷走神经后干和胃后静脉,分别切断结扎。注意胃后静脉的变异,有的不止一支,我们曾遇到一支粗如铅笔杆(6~7 mm)。再环状切开食管裂孔,提起该处已有松动感之食管,容易向腹内牵拉,乘机向上继续分离。操作可在食管左、右、前、后往复进行,直至剥到食管下段7 cm左右(原文可达10 cm),所有异常侧支包括高位食管支在内,无一遗漏。操作时钳夹不宜过深,以防损伤食管肌层和黏膜,引起食管穿孔。我们惯用长持针器,以细针、细线在血管间隙中缝两针,留一些针距,结扎后再在针距间切断血管。也可用细头长血管钳钳夹后切断,再用"带线套扎",切勿撕脱。整个处理过程中,要求麻醉理想和胃呈空虚状态,充分暴露、保持清晰的视野。

(4) 处理胃底部反常血流　即胃底浆肌层切开、黏膜下血管结扎。在贲门下4~5 cm,用两把肠钳夹住胃的前后壁,先切开两钳间的胃前壁浆肌层,用刀尖或小柄轻轻推开下方的疏松组织,即可见一支支上下行血管,避免碰破。用细针细线逐支缝扎其上下侧,但不切断。前壁处理完毕将两肠钳提起,从左向右翻转180度,使原来钳头端对向右侧改成对向左侧。按上述方法做胃后壁黏膜下血管结扎。然后松开并除去两肠钳，常发现前后壁切开的浆肌层内有几个小出血点，细心止血后，按原位间断缝合浆肌层。该处操作亦应在胃空虚状态下进行，如有破损，必须妥善缝好。

潘 陈老，我不懂医学，读了您刚才给我看的论文，觉得您那时候思维缜密，手术步骤严谨，通俗晓畅，对学生和同行的指导意义还是很大的。

陈 这个项目，我一直跟踪的，后来还做了一些后续的延伸。比如这个处理食管静脉曲张及（或）出血的断流术式，从阻断门奇血流而言，该术式既阻断了腹内食管段和胃贲门部的壁外侧支循环与胃壁内的侧支循环，还消除了小网膜区域内的胃左动静脉间不正常分流。应该说这种断流已达门奇血流的全范围阻断，似乎不会发生食管静脉破裂再出血，然而青木春夫的58例报告中有2例发生，而我们医院5年来资料完整的82例统计，已有6例（占7.4%）发生，这不能不引起我的警觉。这是否与有新的门奇侧支形成（尤其后腹膜、膈静脉）有关，值得深入验证。另外是否与未按照青木医生的要求操作，以致食管下端胃贲门部血流仍处于高压状态有关，则更应引起重视。临床实践中处理这类病例，甚感棘手，一则病势危笃，二则期望在原来操作范围内考虑再次手术几乎不可能，必须慎重斟酌，权衡利弊。所以后来结合医疗实践，加上我们以前有关一般脾切或分流术后再出血的治疗经验，我写了第二篇论文《青木春夫式断流术再出血的处理》，同样发表在那本《实用外科杂志》上。这两篇论文，至今也是同行引用比较多的资料。

潘 后来，您还带着苏州医疗代表团回访过日本，情况怎么样？

陈 日本青木春夫的外科技术在中国生根发芽，他感到非常高兴，后来邀请我们去了一次名古屋。日本同行对中国客人非常热情客气，住很高级的宾馆，吃自助餐。他们还带我们参观了整个医院的医疗设施，那时候日本人的医疗设备要比我们先进二十多年。当时是80年代中期，我们刚刚打开国门不久，改革开放，眼界才刚刚打开。后来，也就是从那时候起，我们国家利用不多的外汇，进口了很多医疗设备，迅速提升了医疗水平。现在，中国医院的硬件设备和国外已经没有差别了，就是这三十多年追上来的。下一步需要提升的是管理和制度建设，因为医疗改革关系千家万户的身体健康。

潘 听说为了治疗门静脉高压，那几年您一直在钻研，还和上海的工厂搞实验，寻找替代材料，有这事吗？

陈易人教授和同事们在进行技术攻关

陈 这应该是下一个阶段了,在青木手术法引进十年以后,大概是1993年前后,我希望找到血管的替代品。我那时家住在苏医三区,有一天家里来了个上海硅胶研究所的工程师,我亲自去大门口迎接他。原来是这样的,我请他帮忙做了一个硅胶血管的样品。为了提高手术技术,我偷偷地在家里搞了一点科研。因为怕不成功,没有敢声张,就自己悄悄实验。当时为什么要用硅胶材料?因为硅胶材料放在人体内不容易坏掉,也没有太大副作用。放在哪里呢?放在门静脉那里做一个连接管。当时那个工程师做了一百多个,开始尝试实验。后来这个技术不太成功,我试了一段时间,由于种种原因没有成功。主要是因为血管一旦有一点点堵塞,就和人体的血管不一样了。我让上海工程师做得很薄,厚度质感都模仿人体血管,可惜没有解决好血管堵塞的难题,实验告一段落,暂停了。

潘 陈老,我了解,苏州的外科技术进步除了走出去对外交流学习以外,与省内、国内的技术交流也很重要。您能介绍一下和南京军区总医院黎介寿院士的交往吗?

陈 我和黎介寿是老朋友了，这么多年来一直有来往。说起来很好玩，黎教授和我是在杭州认识的，当时是一起参加一个学术会议。后来在火车上他老是找我聊天，大家在医学观念上很一致，共同语言很多，慢慢就熟了。有一次他到无锡去，他们军区总院到那边开一个培训班，可无锡医院的医生都不买他账，没有人去参加。后来他打个电话给我，我就到无锡去了，我跟无锡医院的一把手讲了几句话，结果院里的医生全都去了，把会议室坐满了。所以黎介寿开玩笑说："陈医生，无锡不是我们的地盘，是你的地盘。我们到苏州、无锡不拜码头不行，你一去，当地的医生都听你的话，都去参加了。"这一次黎教授对我的医疗权威性有了认可，他说还是陈易人在当地有影响力。不过，这也是个玩笑，说明当时江苏省内的医疗同行交流比较多，彼此也十分尊重。

潘 后来苏州和南京在外科医学上有哪些交流？

陈 彼此熟悉和了解之后，我和南京军区总医院的黎教授在学术上进行了比较多的切磋和交流。我们两个人私交也变得很好，就在这个基础上开展了江苏省内医院的外科学术交流。比如，我会把科室里年轻有培养前途的医生送到南京军区总院学习，总院里的医生和学生也会到苏州来交流实践。到上世纪80年代末期，不客气地说，苏州医学院附属第一医院的普外科已经达到江苏省内一流水平了。后来，江苏省医学会外科学术委员会成立，我被推举为主任委员，黎介寿担任副主任委员，当然他是谦虚客气了。当时省内有省级人民医院，部队的南京军区总医院，南通、镇江、徐州的医院也不弱，大家推举我，我觉得不是我个人的成绩，而是认可了苏州医学院的外科医疗水平。那天回到苏州，我非常高兴，我对家里人说，我的努力总算没有白费，我们苏州总算进入江苏省第一阵营了。记得那天晚上，我让太太多烧了几个菜，很少喝酒的我，还喝了一点啤酒，庆祝了一番。

后来，黎介寿和我两边的研究生答辩，都是互作评委的。黎介寿的博士硕士生论文答辩，都会请我去做答辩委员会主任，前前后后大概做了十几年，我们在培养下一代研究生方面相互切磋、共同进步。我到南京去答辩，只要是车子到南京，黎介寿一定会亲自迎接，走的时候要送到火车上。学生方面有任何问题，我们彼此都不会保留，真诚地指出问题和改进的方向。我是直抒己见，在病例讨论的时候我总是实事求是，有什么不好的我就指出来。在医疗技术方面，我不会太多考虑个人的情面和私利，这可能在场面上会让人有点下不来台，但后来证明我说的

陈易人在学生硕士论文答辩会上

都比较正确。黎介寿为什么很欣赏我？也正是看重了我的率直敢言。我到军区总院，他有什么病例跟我讨论，我就指出问题所在，而院里其他医生一般不敢随便讲。我就说老黎你这是不对的，你这样人家是不敢给你提意见的。哈哈。现在回头看，那段时间，是我们彼此学术交流最纯粹的时候。

我和黎介寿私交也很好，我在南京，他会陪我在宾馆休息，一起吃饭。如果是学术会议，我们两个都不参加活动主办方组织的饭局，常会自己出去吃，两人边吃边聊。黎介寿有次问我，你除了开刀还有什么爱好？我想了想，居然没有什么爱好。我就说我最大的乐趣就是和小孙子、小孙女一起玩玩，享受天伦之乐。黎介寿说他也没有什么爱好，最大的乐趣就是到病房去查房。哈哈，我也是这样。黎介寿没有第三代，我们这一代医生几乎把所有精力都放在医学事业上了，没有什么爱好，工作就是最大的爱好。现在我退休在家，只要一有空，就看看苏州本地的报纸，每天看晚报，雷打不动，再有就是读一些医学杂志。

潘 陈老，黎介寿教授后来成为院士，您羡慕吗？包括您的同班同学吴孟超也成为中国外科的首席人物，也是院士，您怎么看？

陈 我对他们取得的成绩表示由衷的祝贺。因为他们获得的荣誉，就是代表我们所有医疗外科人取得的荣誉。后来黎介寿成为中国工程院院士，我还专门打电话向他表示祝贺。黎家是湖南的，他们三兄弟还有个传奇，那就是赫赫有名的"军中三院士"。老大黎鳌院士曾经创办了中国第一个烧伤病房，被尊为中国烧伤学界的泰斗；老二黎介寿，是中国肠外瘘治疗的鼻祖、亚洲同种异体小肠移植的开拓者；老三黎磊石院士，是研究肾脏病学的，已经跻身世界先进行列。黎家三兄弟，非常了不起。

我作为一名地方的外科医生，尽我自己所能为医院和地方医疗事业进步奉献一点微薄之力，至于得到学术界最高的奖励，这个我没有奢求。我这一辈子活得简单、轻松和愉快。带了几十名研究生，目前他们都在南京、常州、苏州和南通的各大医院里成为骨干，有的已经当了院长，都取得了很大的成就，我非常欣慰。我的两个孩子虽然没有继承我的医疗事业，但是我的孙女也是一个医生，我也很高兴。

后来，我年纪大了，不再适合担任大外科主任，需要换届的时候，我就推荐科里一位相对年富力强的医生胡振雄接了我的班。他那时候比我年轻十多岁，我把他推上去，主要是因为胡医生手术做得相当好。看他没有管理经验，我又送上马扶一程，帮助胡主任把科室里的管理框架结构搭好。那个时候普外科已经变得很大，分为好几个病区。哪个病区负责什么，以什么为主攻方向，我都给他们做好规划。所以后来，我们医院大外科科室的管理，基本上都是按照我当初的一套规划运行的，一直良好，医疗水平也一直在江苏省保持前列。我后来退休了，但遇到讲医德、医风还有医院管理方面的事时，院领导还会想起我，请我过去，给他们搞讲座和讲课。

《外科围手术期处理》的编写情况（上）

- 那种认为外科就是手术，手术就能解决一切，手术结束治疗也就结束的观点，是不正确的。
- 对入院病人应积极热情地做有关介绍，使病人感到亲切、温暖。保持病房环境整洁，满足病人某些要求，适当交代病情，对较敏感的私事加以保密，这常可使病人很快安心治病。
- 病人从进入手术室到离开手术室，在麻醉、消毒、手术过程中，其心理变化是异常复杂的。

《外科围手术期处理》的编写情况（上）

潘 陈老，1989年您组织了很多国内著名医疗专家编写了《外科围手术期处理》一书，在国内比较早地系统研究外科在围手术期①的一些问题，您能给我们介绍一下吗？

陈 这本书是我在普外科工作以后对一个阶段的问题的总结，一共二十四章。当时参加写作的不仅是本院的专家，还有南京军区总医院的黎介寿、徐州医学院肝胆外科研究室的申耀宗、江苏省妇幼保健院的杜竞辉、上海第一医学院的曾昭时教授等国内知名专家学者，这其中包括我们院里后来也成为中国工程院院士的唐天驷教授，他们都参加了这本书的编写。记得那是1989年的夏天，很闷热，我在紧张的手术之余，晚上在苏州医学院宿舍的家里一字一句地校改稿件，最后交稿付印。

编写这本书的目的，主要是满足当时医疗业务发展的需要。我记得一位外科专家曾经说过：手术是外科的重要组成部分，但不是唯一的部分。要重视手术前准

---

① 围手术期是医疗常用术语，是指围绕手术的一个全过程，从病人决定接受手术治疗开始，到手术治疗直至基本康复，包含手术前、手术中及手术后的一段时间。具体是指从确定手术治疗时起，直到与这次手术有关的治疗基本结束为止，一般认为，围手术期的时间为术前5~7天至术后7~12天。针对外科围手术期中出现的各种医疗问题，1990年2月，陈易人教授主编了《外科围手术期处理》一书，由江苏科学技术出版社出版。这本三十年前汇集了国内当时部分顶级医疗专家的专著，至今仍然被许多医学论著引述，在国内较早提出了外科围手术期各种可能情况和处理方法的课题。

备和手术后处理，要以整体观念看待外科病人。事实上，很多外科疾病并不是单独存在的，而经常与全身情况如营养不良、休克、体液失衡等，以及其他专科疾病如高血压、冠心病、慢性支气管炎、慢性肝炎、慢性肾炎、糖尿病、贫血等交织在一起，这在老年人身上尤为突出。因此，要求外科医生全面分析，综合考虑，分清主次，认真做好围手术期处理，纠正外科病人术前情况，使之接近生理水平，借以扩大手术适应证，提高手术成功率，安度围手术期，减少并发症的发生及降低病残率、病死率。

这本书内容大致分为三个部分：第一部分实际上相当于外科总论内容，不过我们有意识地从围手术期的角度来进行阐述，比如我们对外科病人的心理、体液失衡、外科休克和输血、外科病人营养支持，以及抗生素的运用和麻醉与复苏等方面都做了系统阐述，分别由不同领域的专家牵头撰文；第二部分主要介绍了外科病人在伴有各种并存病时，如何正确对待两者的关系，如何妥善处理并存病，既不延误手术时机，又不贸然手术，比如病人同时有肝病、心血管疾病、肾病和脑部疾病，以及内分泌疾病等并存病时，怎样区别和合理处置；第三部分主要介绍了近年来外科领域的新课题、新进展，如多发伤、多系统器官衰竭、重症监护、肾移植等。当然，今天再看这些三十年前的技术，有的已经不新鲜。但是别忘了，这就是中国医疗外科走过的路程，我们就是这样一路摸索和探寻过来的。今天的年

同济医科大学1949届毕业生40周年同学会（前排左六为裘法祖，右四为陈易人）

轻医生仍然需要在继承的基础上，做好创新的准备。

潘　我翻看了这本书，好像书前有您的老师裘法祖先生写的序言？

陈　是的。裘老那时还健在，他当时是武汉同济医科大学名誉校长，是我们外科医学领域的一面旗帜，他后来也是中国科学院资深院士，被誉为"中国外科之父"。他的那把刀太厉害了，被医学界称为"裘氏刀法"。我们稿子写好交给裘老，并请他作序。后来，他亲笔给我们写了一篇序言，还热诚地向青年医生们推荐这本书。

裘老在序言中说，那种认为外科就是手术，手术就能解决一切，手术结束治疗也就结束的观点，是不正确的。要知道，即使一个成功的手术，完全可能由于术前准备不足或术后处理不当而归于失败，造成不可弥补的损害。裘老的这句话说得太正确了，我多年的从医经历也印证了这一点。后来我每次都和学生们反复强调这一点。作为外科医生，必须重视手术前准备和手术后处理。

另外，裘老指出，所有手术，不论是大是小，都是病人心理上和身体上的一种负担。手术前要全面检查病人的各个脏器，特别是心、肺、肝、肾的功能状况，注意病人的营养状态，纠正病人的体液失衡，选用最适合的麻醉等。一句话，就是要给病人在术前创造最良好的条件，使病人能安全地接受手术，度过手术期，而在手术后要缜密观察术后出现的各种生理上的变化，纠正由于手术带来的各个脏器的功能失调，让病人尽早地从手术创伤中恢复过来。我非常同意裘老的这段论述，确实是值得我们外科医生注意的。

潘　您在这本书中也亲自撰写了五个篇章，有的是和学生合作的。我们系统地聊一聊您的围手术期医疗思想和理念吧。

陈　"外科病人的心理"一章，是我和学生曹苇教授合作的。他现在是苏州大学附属第一医院的骨干，也在带博士生了。我们这篇论文是从心理学上探讨围手术期出现的各种问题，现在医学心理学已经成为一个很重要的医学分支了。

心理问题在各个领域普遍存在，医学领域亦不例外。医学服务的对象是有思想有感情的病人。病人不仅对自己的疾病、住院、手术极为关心，而且对预后、康复及病后的生活、工作更为关注。有人认为，疾病、手术与病人的心理反应是相互影响、相互牵制的。这些都是围手术期心理学需要研究的重要内容。手术对病人是一个极严重的心理应激，多数病人怀有恐惧感。

我们在论文中写道：对一组81例内科病人，另外一组100例外科病人的调查表

陈易人主编的《外科围手术期处理》书影

明：对于手术，76%的病人会心情紧张，焦虑或恐惧。尽管手术前晚服用安眠药，多数病人还是无法入眠。据统计，手术前后有显著情绪障碍者，约半数术后有并发症等问题。由于围手术期病人的心理与手术疗效密切相关，每个外科医生应考虑、分析心理因素在临床现象中所起的作用，防止不良心理发生，调动积极的心理因素，促使病情向有利方向发展。

其实围手术期的心理主要包括入院时病人的心理、术前病人的心理和手术中病人的心理，以及特殊情况下病人的心理这几个方面。

住院使不少病人产生极强的社会心理应激及多种心理反应。病人离开家庭，生活环境的改变，再加上病人情况各不相同，部分病人由此苦闷，产生不安全感。临床观察已发现，环境改变所引起的心理变化，不同对象有很大差别：有的适应快，情绪稳定，有的心情紧张，忧心忡忡，甚至悄悄回家，不能合作。

很多患者对自身疾病过度关切和猜疑。平时身体健康的人一旦生病入院就很快进入"病人角色",既为自己患病焦虑,又幻想病情不一定重。不少人自我感觉随之增强,躯体症状加重,对自身生理现象(如心跳、呼吸、肠动等)也产生猜疑。医生及周围人的低声谈话常被误认为与己有关。有的依赖性加重,不论何事都希望别人相助。有的对一些检查治疗措施不理解,增加心理负担。我记得有一位重度甲亢患者,多次内科治疗无效,准备手术,需要服用卢戈液一个时期,并多次测血压和脉搏,这本是正常的,但由于主治医生事先未讲清其必要性,加上甲亢病人本身性情急躁,以致病人忧虑烦恼,甚至影响术前准备的效果。我发现后及时耐心解释,情况很快得到改善。

针对上述心理变化,对入院病人应积极热情地做有关介绍,使病人感到亲切、温暖。保持病房环境整洁,满足病人某些要求,适当交代病情,对较敏感的私事加以保密,这常可使病人很快安心治病。

潘 那么对手术前病人的心理应该如何把握呢?

陈 大多数患者手术前的心理是焦虑,焦虑可分为以下四种类型:轻度焦虑,大

陈易人在学术交流会上发言

多数病人有此变化，但对手术无妨；重度焦虑，病人坐卧不安，心神不宁，以夸大的幻想来想象手术的影响，这种心理状态对手术影响不良；有焦虑的表现而无焦虑的主诉，比如有的人表现为有心悸、多汗、失眠等，然无主诉，这是心理否认机制所致，压抑的焦虑和恐惧可影响术后的心理适应；既无主观焦虑感，又无客观焦虑依据，这是一种对手术或医生的过度心理依赖，实际上对手术危险性、术后并发症、康复过程均缺乏心理准备，一旦面临现实，将会一筹莫展，无法应付。

其实影响心理的因素大概就这么几种，首先是对手术不了解，多数病人缺乏医学知识，即使是医务工作者，也不一定了解疾病和手术的具体细节。有的将手术与麻醉想得很玄妙，不知后果如何。这是由于迫切希望了解与本身有关的问题，导致心理冲突的结果。其次是以往的心理创伤和情绪障碍，也会产生影响。再次是环境的影响。医院的任何因素都可以成为一种刺激，尤其是医生的态度。如果对医生缺乏足够的信任感，或者医生对病人的心理支持不足，轻率语言或随意举止，均可导致患者误解，产生焦虑。随着手术日期的临近，病人的心理负担渐渐加重，出现食不甘味、夜不能眠的情况。紧张的原因是多样的，程度也是不同的。即使很乐观的人，也难免产生。

因此，加强术前教育有利于适量减轻患者的焦虑。主要是要加强病人的术前教育，针对年龄、性别、性格、经历、宗教信仰、病种的不同，有的放矢，开展术前教育，开导释疑，从而使病人减少不必要的忧虑，增加病人的自信心。我们做过课题，将97名腹部手术病人，随机分为两组，第一组给予术前教育，第二组作为对照，到术后第5天，第一组止痛剂用量为第二组的一半，平均提前8天出院，第二组则有较多的情绪障碍。

还有，就是要加强对家属的术前教育。术前家属谈话非常重要，不仅是必须履行的制度，而且可由此改善病人的异常心理。术前谈话的原则是实事求是，既指出疾病的严重性，手术的必要性和并发症、危险性，又告知其发生的机会毕竟很小，不随意扩大病情和术后不良问题。一些与病人不便讲明的问题，可向家属交代清楚，以取得家属的配合和信任，这与向病人本人交代相比，有时会起到事半功倍的作用。注意不使家属流露出过分悲观的情绪，否则会增加病人忧虑。家属对手术应有正确的评价，以采取积极的关心和配合措施。有时要反复与家属谈话，以免发生术前讲话不妥而加重病人心理负担，甚至出现拒绝手术、自动出院的现象。

最后是病人间的互相教育。同一病房术后病人的顺利恢复，对其他病人的影响非常大。我曾遇到一例女性胆囊结石病人，入院当晚恰巧同病房有一例重症胆管炎患者急诊手术后死亡。该病人连续失眠，并提出不愿手术，劝说无效。但隔几天后，相邻的一例病人胆囊切除术后恢复良好，她又主动要求手术。心理素质脆弱者容易发生情绪波动，影响手术前后的心理适应。加强对病人和家属的术前教育，不仅会影响一两个人，还经常会影响到更多的病人。

潘 那么手术中的心理如何把握呢？

陈 因为我们主要是讲围手术期的心理，所以手术中病人的心理不是重点。不过，病人从进入手术室到离开手术室，在麻醉、消毒、手术过程中，其心理变化是异常复杂的。手术室的环境和气氛是陌生的。据观察发现，多数病人表面上似乎十分镇静，实际上这是过分紧张后的一种心理压抑或隔离。他们希望麻醉成功，手术愈早开始愈好，这种心理变化与参加一场重要的有决定意义的考试或比赛前的情况类似。医生、麻醉师、护士紧张、繁忙的工作，沉着、严肃的态度，对病人既是一种刺激，也是一种安慰。例如，医务人员在手术室里边操作边谈论与手术无关的话题，或者说手术过程中的一些小失误，对病人都会有不良的心理刺激，甚至遗留长久，成为终生负担，病人听到说麻醉导管拔出时有阻力，就怀疑是否导管断裂于体内，术后一直诉有腰痛。因此，医生的一言一语，都必须注意。当然，对有些非全麻手术的病人，有的情况可向病人说明，如甲状腺手术行颈丛麻醉后可有暂时性声音嘶哑、胸闷、呼吸困难等，牵拉气管时有窒息感。又如上腹手术引起迷走神经反射而产生恶心呕吐感。这些生理反应病人如事先知道，就可以配合手术的进行。调查还发现多数病人希望手术早一点结束，因此难度大的手术，病人情绪过分紧张时，还是不选用清醒麻醉为宜。清醒麻醉过程中如能多加安慰，告知一些手术经过或快速病理检查结果，有时有助于改善病人的心理状态，更好地协作配合。

潘 嗯，看来手术后病人的心理更重要，因为这是心理问题集中并强烈反应的阶段。主要有哪些方面呢？

陈 主要有两个方面，一是术后疼痛。正常情况下，术后疼痛要持续一段时间，一般以术后6~8小时和4~8天最为明显。调查表明，术后32%的病人说疼痛极为严重，40%是中等程度，27%较轻。术后疼痛原因很多，心理改变也是重要因素之一。一个是可能出现抑郁。疼痛常以不同形式表现出来，加上食欲缺乏，不愿活动，睡眠欠佳，临床上病人往往会表现出抑郁。另外一个就是心理退化。对于术后某些心理和物质上的改变，如夫妻关系、工作态度、术后营养，加之原先心理素质不全，往往导致病人产生无意识的"疼痛动机"，使疼痛持续。除心理因素外，术后疼痛延长常是术后初期止痛药应用不够恰当，多数是应用不足的缘故。有资料表明，术后每4小时给予度冷丁100mg肌注，连用10天，发生药物依赖的可能性仅1%。事实上不必这样大剂量。急性期疼痛控制愈完全，发生持续性疼痛的可能性愈小。

　　第二个就是术后忧郁。其表现和原因多种多样：有的人对术后正常的机体反应认识不足，术后长期不敢翻身，不敢咳嗽，不敢进食，认为手术要造成残疾，或听信某些道听途说，对术后恢复缺乏信心，从而产生心理压抑；有的表现为缺陷心理，多见于女性盆腔手术、乳房切除，截肢，脏器移植，青年人行结肠造瘘术后等。这种心理缺失感，不仅包括肢体或脏器的缺失，还包括自我预估的今后工作能力、生活能力、性功能等；还有，就是术后并发症问题，尽管术前讲明，但术后若真出现并发症还是会带来很多心理上的麻烦，情绪很快变得十分紧张，心理抑郁不安，如是严重并发症（如全身感染）或意外（如胆瘘），则将出现心理负担，怨天

陈易人在做医疗观察

忧人，常对医生产生成见。

所以，我经常和学生们讲，手术后医师应经常访视病人，对并发症应实事求是地解释和说明其原因、影响及治愈的时间，鼓励病人在心理和行动上采取积极的态度。如果医生态度和蔼可亲，又有积极措施，将会对病人的心理支持产生十分重要的作用。对有不良心理反应的人，应细心了解，具体分析，"心病还须心药医"，通过开导可起到药物所无法起到的作用。

潘 我经常在医院急诊室看到急性的意外伤病人，还有患了所谓"不治之症"的恶性肿瘤病人，这种特殊情况下如何把握病人的心理？

陈 急性外伤病人的心理有其不同的特点。这些病人多数年龄轻、身体健康，突发意外，缺乏足够的思想准备，如意识清晰，不少病人反而出乎意外地"镇静"与冷淡，使人感到似乎很有心理适应能力。实际上这是处于急性心理创伤后的"情绪休克"期。情绪休克本身是一种心理防御反应，它防止急性焦虑、惊恐的发生。待情绪休克期过后，可能出现更严重的情绪反应。因为病人毫无准备，当面临并了解了术后处境时，常显得极度不安，个别变得心情恶劣，容易发怒。特别是自己受伤又导致他人受伤，如火灾、车祸等，肇事者更受到双重的心理压力，陷入深沉的忧郁状态，悔恨交加，多数自责自罪，沮丧失望。采取较长期的支持性心理治疗或将有助于其恢复正常。

而对那些恶性肿瘤的后果是家喻户晓的，得病后精神上的压力和打击可想而知，等待诊断结果时的反应也很强烈。由于对自身疾病的关注和过度敏感，以及有关医学知识的宣传，可在自我暗示下，出现相应的恶性肿瘤症状，如食欲减退、体重下降、疼痛等。对待癌症病人，应执行必要的医疗保护制度，这不论对机体还是心理都有利。如已了解自己的病情，心理治疗更显得重要，不仅可减少不良心理反应，还能改善机体免疫功能，起到间接的治疗作用。曾有对照资料表明，心理治疗可提高人体多种免疫指标水平。

还有就是再次手术患者，就是我们前面提到的"二进宫""三进宫"患者，对待再次手术与初次手术相比有许多不同之处：一是以往手术是一种特殊的心理体验，比如初次手术较顺利，对再手术不恐惧，有的还认为手术并无危险，不必担忧。曾有一例病人20年前行胆囊切除，术后恢复良好，近半年出现黄疸，右上腹痛，B超提示是肝内胆管结石、胆总管结石，再次入院手术。这次手术既难又复杂，患者却认为与第一次无区别，毫不担忧。二是初次手术不顺利，即使第二次手术与前次无关,也会重现当年手术前后的心理体验。再比如病人熟悉医院的环境和手术前后过程,如仍在原医院手术,往往希望得到原手术医师更多的关照。这些病人大多有一定的"经验",经常翻阅有关书刊,"久病成医",对病情比较熟悉,如出现与前次手术不同的表现,则关注心切,喜欢反复询问。对这些病人要给予一些特殊的指导和解释,以尽量减轻病人的心理负担。

《外科围手术期处理》的编写情况（下）

- 由于病理解剖和病理生理的变化错综复杂，再次手术与首次手术迥然不同，属于非典型手术，难度大，要求高，并发症多，如果处理不当，不但不能收到预期的满意疗效，相反更增加其复杂性。
- 对再手术务必持慎重态度，做到充分估计，要周密考虑，切忌随意决定，仓促从事。
- 术后处理也是外科治疗中颇为重要的一环，实践中常遇到患者的手术虽然成功，但由于术后处理不当，观察不严，仍以失败而告终的情况。

《外科围手术期处理》的编写情况（下）

潘 陈老，我们继续就《外科围手术期处理》一书进行交流。就这本书而言，我看您还编入了《外科病人与心血管疾病》《抗生素的应用》《腹部外科再手术》《多系统器官衰竭》等文章。我想选《腹部外科再手术》一文中的一部分内容来简单做一个探讨。请您先介绍一下腹部外科再手术的概念。

陈 腹部外科再手术是指腹壁和腹腔内脏器经手术治疗后，因种种原因需再次手术处理。它可分为早期和晚期两类：早期再手术一般指首次手术后住院期间需立即再次手术者，晚期再手术是指手术后数月或数年因出现并发症、后遗症、原发病复发而按计划进行的分期手术。

由于病理解剖和病理生理的变化错综复杂，再次手术与首次手术迥然不同，属于非典型手术，难度大，要求高，并发症多，如果处理不恰当，不但不能收到预期的满意疗效，相反更增加其复杂性。一般而言，腹部再手术的次数越多，手术难度越大，效果也就可能越差，死亡率随之而增高。因此，应予以足够重视，审慎做好围手术期处理中的每一个环节，力求降低再手术率。

潘 这样听下来，对外科医生来说，腹部外科再手术确实是风险难度很大的。那么术后再手术率有多高呢？

陈 是的。手术后的再手术率平均为2.5%，如不包括阑尾切除手术，则再手术率约为5%。国外大宗病例统计，腹部手术后15天内因出血、梗阻、瘘、腹膜炎和切口裂开再手术的发生率较高，在美国圣路易斯Barnes医院，胆道手术后的再手术率为

3.8%，俄亥俄州为4%。上述这些脏器的外科疾病占腹部外科相当高的比例，一旦在首次手术时处理不当或有失误，发生并发症，可直接导致病人死亡，或者引起严重后遗症。

潘 您从事临床时，发生再手术的情况是如何分布的？

陈 从我国目前情况来看，胆道系统的再手术率最高。因为我国的胆石症与西方人的胆石症有本质上的不同，我国胆石症为东方型结石，即原发性胆色素性胆管结石，尤其是肝胆管结石的发病率远较欧美国家为高。由于解剖部位特殊及其他原因，目前一期手术尚难以彻底处理，因此，残石率颇高，达74.4%~93%。我在论文里做过统计，我们医院1972—1986年，手术证实胆石症者1448例，占胆管结石的18.8%。1978年京、津、沪、杭、粤等地医院统计3957例粘连性肠梗阻中，有腹部手术史者达80%。手术频度高低依次为阑尾、肠道、胃、肝、胆、胰、脾及妇科手术后引起。根据我们国家的资料，门脉高压症脾切加各种分流术后远期再出血率为3.8%~25.8%；断流术后再出血率为7.4%~13.3%。

潘 听了您的介绍，我觉得中国的腹部外科再手术的病例还是很多的，那么这些再手术的病因主要有哪些呢？

陈 由于腹部脏器病变不同，手术方式和手术适应证的掌握及技术操作水平不均衡，首次手术后的并发症、后遗症也颇繁多。我和学生胡振雄曾经简单归纳过，主要有以下八类：

一是出血，多发生在术后早期，如切口的出血、引流口出血、腹腔内出血和消化道出血。切口和引流口出血，可见敷料血染。腹腔内出血有血压下降、脉率增快、红细胞压积下降等内出血征象。消化道出血表现为呕血、便血或T管内出血。二是炎症，如腹部手术后并发急性胆囊炎、急性胰腺炎，以及腹腔积液、积脓、脓肿或腹膜炎。三是梗阻，包括胃切除术后的胃肠吻合口，输入、输出襻梗阻，各种类型的肠梗阻和胆管、胆肠吻合口的狭窄梗阻。四是漏（瘘），包括胃、肠、胆、胰漏（瘘），多为吻合口或封闭端漏。流出的消化液进入腹腔后患者可表现为化学性、细菌性腹膜炎，从切口流出者即为外漏（瘘），其流出液的性状不一。如属慢性外瘘，放射线检查有助于定位和设计再手术方案。五是首次手术失误、遗留未处理的病灶和按计划进行的二期手术。前者如胆管损伤，手术器械、纱布遗留，肝内、外胆管结石的残留，胃回肠错误的吻合、短路，以及漏诊漏治的病变等；后者如胰头癌、壶腹部周围癌、结肠癌、直肠癌伴发急性肠梗阻或急性重症胆管炎等，

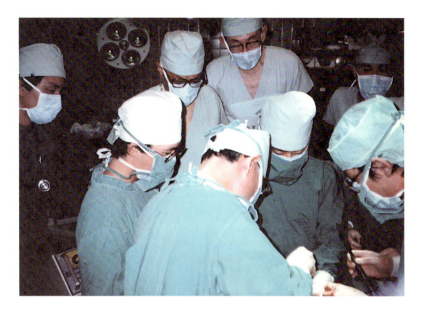

陈易人教授在手术中

病人全身和局部情况差,难以耐受一期手术时,先做减症性手术,待全身情况、肝功能改善后再做二期手术进行彻底处理。六是后遗症,如手术后的粘连性肠梗阻、胆管狭窄、胆肠吻合口狭窄、胃切除术后的碱性反流性胃炎、大量小肠切除术后的短肠综合征等。七是新生病变,指与第一次手术有关或无关的病变,如残胃癌、复发和再生胆管结石。有的首次手术为良性病变,需再次进行的手术为恶性病变或其他良性病变,或相反。八是切口裂开、切口疝和复发疝。前者为营养缺乏、贫血、低蛋白血症、呼吸道感染等所致的并发症,后两者为后遗症。

潘 那么,如果进行再手术的话,会有哪些病理变化呢?

陈 再次手术的病理变化,随病变脏器、术后并发症、原术式和病情轻重缓急不同而异。轻者对全身干扰不很大,病人对再手术的耐受力也较好。多数病人属紧急、重度,其全身病理变化显著,尤其伴有并发症时,可出现病变脏器以外的重要器官如肝、肾、肺等功能衰竭,甚至发生多系统脏器衰竭(MSOF),而危及病人生命。

再手术病人,不管是早期还是晚期,由于不能进食、呕吐,加上术后出现的出血、感染、发热、消化道梗阻（呕吐物和体液进入肠腔）、漏（瘘）等，大量消化液流出体外或进入腹腔，不但丢失大量水、电解质、蛋白质和各种消化酶，而且其化学刺激、细菌感染使机体处于高分解状态，分解自身组织所造成的严重影响，更增加了病理变化的复杂性。这些病人都有程度不等的贫血、营养缺乏、低血容量、低蛋白血症、水电解质和酸碱失衡、酸中毒、低钾血症、严重感染或二重感染。

潘 陈老，再手术既然比首次手术难度更大，那么手术前要做哪些准备呢？

陈 腹部再手术与首次手术有明显的差异，如病人的全身状况、局部条件，病人的营养状况，对再手术的耐受力，以及他们对再手术的恐惧、担忧、焦虑，等等。再手术的难度大，对外科技术要求高，因此，对再手术务必持慎重态度，做到充分估计，要周密考虑，切忌随意决定，仓促从事。

每个需再手术的病人都有其特殊性，但也有共同相似的方面，我和学生们一起总结了一些方面供同行决策时参考。

首先要充分估计再手术的难度。

要否再手术，首要问题是诊断，有些术后并发症表现典型，诊断明确，再手术指征也明确，如术后出血、明显的腹膜炎、绞窄性肠梗阻和切口裂开、切口疝等。但在有些情况下诊断难以肯定，病变部位不明确，给再手术的决定带来困难，例如，上、下消化道出血，胃肠切除术后再出血，胆道出血，消化道漏（瘘），术后黄疸等。有些急症重症病人尚并发重要脏器功能损害或有并存病，都给再手术增加了难度。

再手术的难易不一，差异悬殊。容易者，如单纯粘连索带所致肠梗阻，只要把索带剪断、松解，即能解决，收到满意疗效。但是大多数再手术病例，由于以往的手术后并发症，病理改变复杂，解剖关系失常，感染严重，粘连广泛，因而难度极大。一般来说，凡接受过腹部手术的患者，多少存在着腹腔内粘连，内脏与腹壁间、肠间、脏器与脏器间大量粘连，尤其有腹膜炎、腹部外伤、大手术史或并发消化道漏（瘘）的病人，不但粘连多，面积广，而且腹腔内还有不同数量的细菌和胃肠消化酶，其再手术的难度远较前次典型手术为高，容易发生大量渗血，误伤重要脏器和血管，造成更多更严重的并发症。上腹部的再手术比下腹部再手术的难度大，尤其肝、胆、胰的再手术，其病变多，部位特殊，以往手术方式众多不一，再手术难度较大，要求较高，手术前应予以充分估计，切忌草率低估，否则容易招致不幸。

病人的耐受力，一般来说随着年龄增大，其全身组织器官功能随之逐渐衰减。老年人对麻醉手术刺激的应激能力一般较低，对失血、失液的耐受力亦差。如果原有心、肺功能不良，出血，感染，营养不良等问题，将减低其耐受力。营养状况是十分重要的问题，长期禁食、饥饿、呕吐造成营养不良、贫血、低蛋白症；感染、发热病人较长时间处于高代谢、高分解代谢、高消耗状态，营养补充不足，势必存在负氮平衡，降低病人的抵抗力和耐受力。局部情况也是不容忽视低估的。如再手术范围内有炎症、感染、水肿，尤其存在梗阻性病变的组织或有消化道漏（瘘）的病理脏器及腹壁皮肤或原为感染的切口，这些都将增加手术难度，增加渗血，影响再手术后的愈合能力和疗效。另外，人体重要脏器如心、肺、肝、肾功能损害及二重感染等，也会给再手术增加一定困难。

其次是要有技术力量和设备器具的充分准备。

要顺利完成再手术，并且获得较满意疗效，务必具有较高水平的内、外、麻醉科等方面的医技力量和较好的诊疗设备，否则再手术可能劳而无功，甚至造成更

参加研究生论文答辩会

严重的不良后果。手术人员是关键，再手术前的诊断、充分的术前准备、认真的术前讨论、合理的设计方案、适当的手术时机、熟练细致的技术操作、术后的密切观察和合理的处理等围手术期一切环节的作用均不容低估。

再次要看手术是否能解决问题。每个再手术方案的设计，应估计其可行性、切实性，是否能解决具体问题，是否会因再手术带来新的、更为严重的并发症、后遗症。

最后，也是最关键的一步，就是再手术时机的把握。

我认为，再手术的时机应从以下几方面来综合考虑。一是急症再手术应当机立断，毫不犹豫地决定，例如发生在首次手术当日的持续性出血，包括切口、引流口、腹腔内和胃肠吻合口持续出血，表现为低血压休克者，发生在术后1周内的各种吻合口漏，出现化学性和细菌性腹膜炎，病人腹痛、腹胀、高热、腹肌紧张、腹膜刺激征明显、白细胞显著增高等；超声检查或腹腔穿刺证实腹腔内积液、积脓者；术后近期出现阻塞性黄疸，胆管损伤，胆汁漏，切口裂开，绞窄性肠梗阻，胃、回肠短路错误吻合等，危及病人生命的严重并发症，须立即再手术予以纠正，阻止病情恶化。胆道手术后残留、再生结石，胆管狭窄并发急性重症胆管炎，中毒性休克非手术疗法病情不见好转或不稳定的，仍须果断立即再做胆道减压术。如果经非手术处理后，病情渐趋稳定，则以择期再手术为佳，以便能有时间全面查清病情，了解结石分布及有无合并胆管狭窄问题，改善病人全身状况和肝肾功能，提高耐受力，设计合理的再手术方案。二是择期再手术一般适用于晚期并发症、后遗症或分期性手术。例如，胃十二指肠溃疡穿孔修补后6~8个月再行胃切除术，带T管的肝内、外胆管残余结石，碱性反流性胃炎的改道手术，壶腹区癌肿，胆肠吻合术后2~4周后的胰十二指肠切除术，结、直肠癌并发急性肠梗阻，对梗阻近侧结肠造瘘后2~4周再做二期根治性切除术，胆管远侧良、恶性狭窄或胆肠吻合口狭窄的再次手术，切口疝修补等。

再手术的手术时机要根据每个病人的具体情况而定，而且应该及时邀请有经验的医师会诊、商讨。负责前次手术的医师应真实地反映情况，不容有半点虚假，切忌对自己前次手术过于自信，以免延误或错过再手术的时机，给病人带来不幸。心、肺、肝、肾功能衰竭者，不宜做择期手术。

潘 您这本书主要是讲围手术期处理的，那么对再手术的围手术期要做哪些准备呢？请您介绍一下。

陈 我先说说术前准备。再手术病人的术前准备是不容忽视的重要环节,否则,即使再次手术是成功的,结果仍会不理想,甚至带来更严重的并发症而招致死亡。

第一要摸清病情。需再手术的病人都是经过一次或多次手术的,而且多数是有并发症、后遗症的。其全身营养状况差,大多有贫血、低蛋白血症,急症病人还可能有水、电解质和酸碱失调问题,有的兼有肝、肾、心、肺功能受损,凝血机制降低,有漏(瘘)或原切口、流口感染及局部条件差等,术前均应予以充分准备,摸清底细。主要是摸清以往手术经过情况,重温病史,包括手术指征的掌握有无不当,术中有无特别困难,止血结扎是否妥善,缝合是否可靠,所采用的手术方式是否恰当,以及术后症状、体征变化等,以综合分析诊断。然后是必要的辅助检查,包括血、尿常规,红细胞压积,凝血酶原时间,血生化,血气分析,心、肺、肝、肾功能检查,超声波、内镜检查,逆行胰胆管造影(ERCP)检查,放射线检查(包括钡剂检查,平片,瘘道、T管造影,经皮肝胆管造影等),同位素扫描或放射免疫内分泌素、酶测定,CT检查等。根据每个病人具体情况选用有关检查,以利诊断,了解病情,并给予术前处理,纠正失衡,为再手术创造条件。

第二是了解营养状况。手术前、后病人的营养状况,在相当程度上是再手术成败的关键。尽力使病人在手术前、后获得正氮平衡具有重要意义。定期测量病人的体重和氮排出量(包括尿中尿素氮、非尿素氮和经皮肤与粪便排出的氮)。如病人丧失10%的体重,在术前3~14天必须补给营养(经肠或全胃肠外途径)。使病人从负氮平衡转为正氮平衡,将其分解代谢纠正为合成代谢状态,从而使病人对手术的耐受力大为提高。改善病人的营养状况,提高其对手术的耐受力,单靠传统的静脉补充液体、电解质及血液制品作为主要的"营养"源似有不足,难以使病人转成正氮平衡,而且周围浅静脉栓塞机会随之增加,以致补液径路不能保证通畅。因此,近年来已普遍推荐完全胃肠外营养(total parenteral nutrition,TPN)和完全胃肠内营养(total enteral nutrition,TEN)疗法。TPN适用于危重病人,如严重腹腔、切口感染,严重营养不良,重症胰腺炎,消化道漏(瘘),大量丢失消化液,消化道出血,短肠综合征,肠梗阻,败血症,中毒性休克,其他脏器严重感染和功能不良的患者,TPN以复方氨基酸、葡萄糖、脂肪乳剂、维生素及微量元素、电解质等为主,多经中心静脉(锁骨下静脉、颈内或颈外静脉)插管,24小时内匀速滴入,不会发生外周静脉炎,但较昂贵。TEN又称要素饮食(elemental diet,ED),乃为多种氨基酸或动物蛋白水解物,经硅胶鼻饲管或空肠造接管24

小时内匀速滴入。TEN作为营养支持使用方便、安全、经济，可刺激胃肠道分泌IgA（免疫球蛋白A），防止肠道内菌群失调及肠菌入血。如果能正确运用TPN或TEN作营养支持，建立机体的正氮平衡，改善其营养状况，将会使病人对手术的承受能力大为提高。

第三是及时输血补液。急症、危重、失血、低血容量病人补充循环容量及电解质，纠正酸碱失衡，是再手术前准备不可缺少的重要步骤。如果有凝血机制不正常、肝功能受损情况，应给予大量维生素B、C、K，少量多次输血或进行成分输血。

第四是抗生素的使用。再手术病人多数曾应用过多种抗生素但可能仍有感染存在，而且是耐药菌株，因此，应尽可能参考细菌培养及应用敏感的抗生素。对无明显感染的胃肠道再手术病人，除胃肠道的机械清洁如洗胃、清洁灌肠外，还可服用针对厌氧菌的抗生素灭滴灵等，术前2~8天预防性应用抗生素效果更好。

第五是局部准备。有原腹壁切口感染、漏（瘘）口存在者，再手术前数天，酌情勤换药、湿敷，尽可能使局部皮肤炎症消退，使切口、瘘口清洁。要力图减少细菌数量。

第六是术前讨论。这是再手术前必须进行的重要一环，它直接关系到再手术的成败和效果。除手术人员外，必要时还需邀请麻醉科和其他有关科室医生参加讨论。再手术应该由经验丰富、技术熟练、有解决疑难问题能力的医生来担任。再手术是一种非典型手术，其病理变化复杂，手术难度大，要求高。负责再手术的医生应该详细了解具体病人的一切病情资料，力求了解手术部位的解剖关系，明确再手术的目的，提出合理的再手术方案，包括病人的诊断、再手术指征、麻醉方法、病人体位、切口、手术步骤、估计难度及术中可能发生的问题，对助手、麻醉、护士的要求等。在设计手术方案时，应考虑到病人全身、局部条件，也要考虑技术、医疗器械设备条件，更要充分估计到可能遇到的困难和处理措施。因此，要事先多设计几个手术方案，当然在术中还应根据具体情况，酌情研究修改，力求达到手术合理，解决问题。经充分的术前讨论，术者对再手术要有较大的把握；不可有愿望而无对策，徒增病人的痛苦与病变的复杂性。手术全体人员要统一思想，统一意见，做到人人胸有成竹，这样才能配合默契，顺利完成手术。此外尚需把再手术的必要性、大致方案、可能出现的并发症和不良结果，如实向病员家属和单位领导说明，征得谅解和支持。尽量消除病人的紧张、焦虑、恐惧心理，树立信心，与医生密切配合。

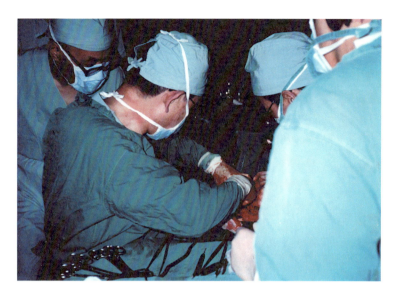

陈易人教授在手术中

潘 请您具体讲讲再手术操作的基本要求。

陈 在再手术的围手术期处理中,手术处理的好坏、合理与否是关键性的一步。再手术的种类、范围、术式因病因人不一,难以一一细述,这里只对一些常见再手术共性问题和其处理原则进行试述,以供同业参考。

一个是麻醉。大多数腹部再手术病例,均可采用连续硬膜外阻滞麻醉完成。它能满足手术要求,达到腹肌松弛、止痛的效果,同时再面罩给氧,保证供氧,术后并发症和不良反应也少。但是对肺、心、脊柱有病变,低血压,出血,休克,年老病人或少数可能需做胸腹联合切口的病人,可选用气管内插管,静脉复合麻醉,但应注意避免使用对心肺、呼吸有抑制或对肝肾有毒性的药物。在整个手术过程中要求血压波动小,供氧充分,肌肉松弛和止痛满意。

再有就是切口。切口的选择应从病变脏器部位、变化,手术方法、范围,病人身体长短,肋弓角大小、宽窄和全身情况几个方面来考虑。剖腹切口应具一定长度,保证手术野暴露良好,必要时便于向上、下、左、右延伸,但应易于缝合,也应尽量避免切断支配腹肌的主要神经,以防腹壁肌层萎缩。最好选用原来的手术切口并向两端延伸几厘米,即可避开粘连,较快速、安全而顺利地进入腹腔。正中或腹直肌纵切口易于向上、下延伸，必要时做成"⊥"或"L"形切口，以扩大手术野的暴露。近年来对上腹部再手术，尤其是肝、胆、胰、脾手术，有人采用"人"字形切口，能达到满意显露，不必开胸即能行半肝切除、肝胆管广泛切开、整形、内引流及食管下端贲门周围血管结扎断流术。若采用与原切口相交的新切口，在相交的锐角处，可能发生供血不足而致皮瓣坏死。如果腹壁有漏（瘘）口、引流口、肠造瘘口等感染，最好事先将这些孔洞清洗，消毒后用胶布贴盖或缝合封闭，以免污染手术野。如果术中切口有污染，缝合腹膜后应做切口冲洗，更换手套和手术器械，并放置皮下引流。近年主张应用化学合成缝线，如狄克松（dexon）线缝合污染伤口，可使伤口感染的发生率下降。如果病人年老、营养状况不佳、贫血、肝功能受损，或有呼吸道感染，为预防切口裂开，可用单股的聚丙烯线、尼龙线或钢丝做深而大的减张缝合。

再次就是分离。分离粘连，常是再手术时困难而费时的细致工作，也有一定的危险性，手术者应耐心、细致，按一定的操作程序进行。一般分离应从远向近（即病灶部位）、从粘连少向多、从外围向中心顺序进行。分离时以剪刀钝性分离出血少，不易分破胃肠道。要认清解剖关系，切勿急于求成，追求手术速度，勿随意切断可疑组织，细致止血，如果分破胃肠浆肌层，亦应即刻予以缝合修补。勿对大块组织钳夹切割，在切割组织前应先以手指触摸，确定无大的血管搏动，以免造成肠系膜上、下动静脉，门静脉，结肠中动脉等损伤。一般在原手术部位、炎症处进行粘连分离最为困难，尤应多加小心，如肝门的暴露，应先分离找出肝前缘，然后紧贴肝脏面从右向左，由浅入深，逐步向肝门分离。如果原有T管，可以T管为指引，把紧贴愈着在肝脏面上的网膜、结肠和胃十二指肠与肝脏分离开来，即易找到肝门，找到肝外胆管。以往有过胆汁漏者，肝门部可能为大块纤维结缔组织，难以找出肝外胆管，此时只得从肝门部位与肝实质分离。胃肠吻合口周围有时粘连多而紧密，可先将其与腹壁粘连分离，找到吻合口上端的胃壁或下端的肠管，即容易找出原吻合口，但要当心勿损伤结肠中和肠系膜上血管。小肠粘连的分离，亦应先将其与腹壁、侧腹壁分开，然后从切口下粘连较少处开始分离肠间粘连，直到从屈氏韧带至回盲部小肠完全游离出来。

最后谈谈引流。大多数再手术的病人，再手术时需放置预防性或治疗性引流管。有些是由于治疗所需的引流、造瘘管，如胆道再手术后的T、U形支撑引流管，十二指肠漏再手术后十二指肠减压用造瘘管，有些是为了术后TEN而做的营养用空肠造瘘管。因为腹部再手术时，需进行大量粘连的分离，剥离创面的渗出血较一般手术多，渗出物沉积在腹内可成为日后继发感染的基础。原有感染或可能污染的再手术，易导致感染扩散或继发感染。腹腔内安置单管或双套管引流，多用于腹腔内感染、积血、积液和防治吻合口漏。各种引流管放置应准确、通畅、有效，并应予以妥善缝合固定在腹壁层腹膜或腹壁皮肤上，以防脱落。

潘 最后请您谈谈再手术后的处理问题。

陈 术后处理也是外科治疗中颇为重要的一环，实践中常遇到患者的手术虽然成功，但由于术后处理不当，观察不严，仍以失败而告终的情况。尤其近年来，对大手术、外科危重病人建立重症监护病房（intensive care unit，ICU），有利估计各器官的功能状况，预报危及生命的病征，防治各器官的进一步损伤及并发症。我写文章时具备ICU条件的医疗单位还不多，仅限于少数大城市重点医院。因此，术后处理仍是对基本的能做到的一些项目进行监测。绝大多数情况都可以及时发现、处理，从而降低并发症发生率，提高再手术的疗效。

在学术研讨会上宣读论文

一要密切观察病情。需再手术的病人，一般来说其病情通常比较重，而病理复杂，手术难度大，创伤也大，因此，术后变化也大，术后并发症的发生率可能更高。术后的病情变化和并发症，总会有主、客观两方面的反映，如能周密观察，多不难发现。包括经常巡视病房，了解病情，询问病人的主诉，全面、经常检查胸腹（四诊）的体征和各种引流液量、性状等。

二要反复检测有关项目。包括病人的神志、体温、呼吸、血压、脉搏、心律、尿液、引流液量和性状，并应详细做记录。血、尿常规，血生化的定期检查，单位时间尿量反映肾血流灌流量及补液是否已够。尿常规加血尿素氮、肌酐等反映肾功能情况。有失血、贫血者，通过血红蛋白和红细胞计数检测，红细胞压积测定可以判断是否需输血。白细胞总数增高，中性明显左移提示有感染并发症可能。血液生化检测可为补充水、电解质，纠正酸碱失衡提供指导依据。有条件做血气分析，对判断和治疗呼吸功能、酸碱失衡更有准确实用意义。肝肾功能、淀粉酶、血糖、尿糖的检测，对诊治都是必不可少的项目，尤其对肝肾功能损害、营养不良和危重的再手术后病人，在诊治中具有重要意义。必要时还应记录单位时间的各种引流液、排泄物和分泌物量，有时还应做细菌培养和药物敏感试验。如引流出血性液体，疑为内出血者，可检测引流液的血红蛋白、红细胞计数，这有助于了解出血程度，指导制订治疗方案。血、尿、痰、大便、胆汁、鼻咽、口腔的细菌培养、霉菌检查，对危重病人，对已接受大量广谱抗生素治疗且免疫功能低下、菌群失调的病人具有重要意义，尤其在外科感染中，除了通常的需氧菌培养外，还应力求进行厌氧菌培养。因为大量临床资料表明，随着抗生素的普遍应用，外科感染的致病菌可随病程的变化而变化，耐药性金黄色葡萄球菌、革兰阴性杆菌、霉菌、无芽孢的厌氧菌的感染不断增加，有时是需氧与厌氧菌、细菌与霉菌的混合感染。对此，应有足够认识并予以十分重视。有心血管病变者及危重病人，还需做心电图监测，以及时了解心功能，指导药物的应用，并观察用药反应。

三要保证血容量。继续注意水、电解质、酸碱平衡的维持，保证正常的血容量是保证全身组织、重要脏器良好血流灌注的重要措施。一般依血压、脉搏、尿量、中心静脉压、二氧化碳结合力测量来指导、调节输液量和速度。

四要注意抗生素的合理应用。再手术病人通常接受过多种抗生素治疗，而且有些病人为多种致病菌感染，对一般抗生素已产生耐药性，对于急症再手术者，若不了解其致病菌种和对抗生素的敏感性，将会给选用抗生素带来一定困难。如结肠、胆道、腹腔脓肿再手术，估计有厌氧菌感染，可同时给甲硝唑联合足量。经静脉途径给药法较佳，待细菌培养和药敏结果明确后再改换有效的抗菌药物。在应用抗生素时应注意副作用、产生耐药性和二重感染的出现。

五要加强营养支持。许多再手术病人，尤其是早期再手术，有消化道漏（瘘）及严重感染的重症病人，都有全身病理生理内稳态失衡情况，病人处于高分解代谢、高消耗状态，由于外科病不能进食，单靠经外周静脉途径补液、输血难以扭转其负氮平衡。TPN治疗可使胃肠处于全休状态，并因补充足够的能源、氮源而维持正氮平衡及保证机体顺利完成修复过程，从而明显减少手术病死率及术后并发症。TEN多经空肠或胃造口行营养支持。要素膳具有高蛋白、高热量及其他人体所需的全部营养要素，成分较为全面，且管理简便，监测的条件也较简单，当胃肠道功能正常或有部分功能时，应尽量使用这一途径。

六要重视并存病的处理。有些再手术病人，如急性重症胆管炎病人，再手术前就有多种并发症存在，包括败血症，肝、肾、心、肺功能受损，肝脓肿，胆道出血等，处理了胆道病变后，其他已有并发症仍须继续治疗，并防止并发症的发生。也有一些病人，尤其是年龄偏大的患者，除了有外科病外，尚同时伴有心血管、呼吸系统、泌尿系统等方面的并存病，不容忽略，否则可因并存病诱发或急性发作而增加再手术的病死率。

外科脾脏技术进展浅议

- 人们除认识到脾脏的造血、滤血、调节和储血作用以外，还对其免疫功能及调节血小板数目、凝血因子（如Ⅷ因子）、细胞和体液免疫因子功能不断进行深入研究。
- 所以，强调围手术期的处理，加强内外科协作，将对血液病脾切除治疗有很好的作用。

外科脾脏技术进展浅议

潘 陈教授您好，我看了很多资料，都介绍您在脾脏外科上有独到建树。今天想和您聊聊您在脾脏外科上所做的一些探索，以及在您退休前，中国的脾脏外科技术达到了什么样的水准。

陈 好的。我对外科手术领域的肠、胃和脾都做了很多研究，60多年做了很多手术，其中脾脏是开得比较多的。在早期医疗技术不发达的情况下，这个算是大手术了。当然，现在的外科技术进展非常快，新技术新手段不断应用。这个我可以稍微带一点学术上的探讨，主要供医疗同行参考吧。

我先说说脾脏切除手术的发展史。其实早在1549年Zaccaelli医生就成功地施行了脾切除术，距今已400余年。自1952年King-Schumaker首次报告儿童球形红细胞增多症脾切后发生凶险性感染（Opsi）以来，脾脏的生理功能引起广泛关注，促使人们认识到脾脏是一个复杂的脏器，其中还有不少"谜"。结合我们医院脾外科那些年所做的工作，我当时主要有几个方面的思考。

一个就是解剖认识上的再提高。很多年前我们通过对脾脏腐蚀标本的观察，发现按血管分布的话，80%~90%的脾脏有2个段，10%~20%有3~4个段，段间有明显的无血管区，脾周围区血管呈毛刷状，脾小梁动脉以纤细的末稍血管终结，互相无吻合。也有不少学者相继有这方面的研究，结果大致相仿。这无疑为临床上开展脾修补、脾部分切除提供了解剖上的依据。还有，副脾是脾发育的一种异常，有脾组织结构，色泽又相似，我们曾做过光镜电镜观察，证实了这一点。临床上副脾的出现率为10%~35%。我们以一组血液病脾切除为例,副脾出现率为10.5%。有人认为这与年龄有关,<10岁为50%,11~20岁为39%,成人为11%,是否随年龄增长,副脾萎缩,尚待研究。

为什么要研究副脾呢?了解副脾的位置非常重要,多数在脾门、脾蒂、脾尾,其次为后腹膜、胃大弯侧、大网膜、结肠小肠系膜、左侧阔韧带及左睾丸附近等处。85%只有1个副脾,14%有2个,1%有3个,偶发部位很难寻找,还应与淋巴结区别。因为在血液病治疗上,做脾切除时强调要尽量切除副脾,否则影响疗效。我们曾遇1例自身免疫性贫血(AIHA),20年前行脾切除,症状好转,入院前数月又有症状,B超及腹腔动脉造影发现,胰尾下缘有一影形,拟为增大的副脾,再次手术证实,重达41g,切除后症状消失。那时候,在临床上我还遇到1例外伤性脾破裂后多年,突然急腹痛,CT检查发现胰尾上方有阴影占位,剖腹及病理切片证实为增大的副脾破裂,而手术切除后就痊愈了。

潘 看来医学研究对副脾有了不少认识,那么在生理功能上如何提升对它的认识呢?

陈 我觉得,人们除认识到脾脏的造血、滤血、调节和储血作用以外,还应对其免疫功能及调节血小板数目、凝血因子(如Ⅷ因子)、细胞和体液免疫因子功能不断进行深入研究。从临床研究来说,特别希望寻找能表达脾脏功能特异性的指标如四肽激素Tuftsin,这样便于评估保留脾块与移植脾的实际价值。正常脾脏具有防癌功能,已为实验证实,人类脾脏发生恶性肿瘤的机会很少,不同时期其他脏器伴有肿瘤时,脾脏的抗癌能力不一样,已证明在早期脾有抗癌能力,晚期则否,因此如早期胃癌在根治的前提下可以保留脾,晚期则应切除脾。

早先我们临床工作中已发现,晚期血吸虫病脾切除后CD3、CD4/CD8降低,CD8升高,机体处于免疫功能紊乱状态,加重了血吸虫病T细胞亚群的比例失调。后来又用颗粒抗原绵羊红细胞(SRBC)来刺激大白鼠,进一步研究脾切后对初级免疫应答(primary response)和T细胞亚群的作用,结果符合上述意见,且发现保留50%脾脏确能保存脾脏功能。后来,我们对单核吞噬系统(MPS)功能的影响也做了研究,发现透明质酸(HA)增高参与了脾切除后的上腹痛综合征(KPS),使免疫功能受到抑制,增加了凶险感染的发生风险。

脾切除后也会造成血小板增多和血栓形成。我们实验发现,脾切除后可加重或促进血栓形成,其机制与PGI2/TXA2平衡失调无关,可能与红细胞凝集、血液流变学改变、手术创伤及凝血因子变化有关。查阅一般文献报道,脾切除后5%以上会有血栓、栓塞现象,尤其是脾亢、特发性门脉高压症者。也有研究表明血小板数增加与血栓、栓塞无关。我们曾观察过50例脾切前后血液流变学的变化,提示一般在术后近期包括脾切除在内的手术创伤都可导致这方面的变化,远期大多恢复到术前水平,并认为这种影响是复杂的,不同病因的脾切除各有其特点。血液流变学的改变先是持续地全血和血浆黏度升高,伴增强的血小板聚集,从而使患者术后处于高凝状态,这就是血栓和栓塞发生的基础,如指标明显升高,应采取预防措施,原来有心、脑血管并存病者,更应该重视这个问题。

潘 具体的专业术语和学术上的研讨,应该对医疗工作者有参考价值。陈教授,请您介绍一下在您那个时期脾脏切除手术有哪些进步呢?

和普外科同事在一起合影

陈 后期治疗过程中，我们发现保留脾脏与切除脾脏在免疫功能新概念上获得共识后，对待正常人外伤性脾破裂是否切脾，曾经引起过一番争议，就是保脾还是切脾。目前大家观点已经趋向一致了，虽然切脾在儿童期更容易引起Opsi，然急救时毕竟是生命第一，其次才是根据实际采用适当的保脾术，决不能主次颠倒。熟悉脾损伤程度和分级有助于行脾保留术，4型的分法可作参考，但多数还是在术中才能划分。裂口小、出血少，相当于I度损伤，采用Avitene、Thrombin、Surgicel、MicrofifrilarCollage及TH黏胶有时有效。裂口浅可采用大网膜填塞、缝合脾包膜和实质。裂口深而多或已呈碎裂状，修补有困难的，可以做脾部分切除，如行全脾切除，尽可能加自体脾片移植。我们曾研究过一种用肝圆韧带作止血带行部分脾切除的方法，操作不复杂，适当时可试用。

非手术疗法对于外伤性脾破裂应非常慎重，必须确定是伤势不重、体征极轻微、出血征象不明显的年轻患者，重点监护，定时复查，在动态观察、检验、B超等统筹考虑下，确保住院2~3周，出院后限制活动2~3月，有必要时还应改用手术疗法。其他尚有单纯脾动脉结扎、网罩包裹法等保脾方法。

潘 您刚才提到血液病人，切脾和保脾意义不一样，具体怎么理解？

陈 血液病的脾切除治疗是一个新课题。后来应用逐渐扩大，且不像过去"要我切脾，我就切脾"的被动想法，多数外科医生已有足够专业知识，已了解哪些血液病、什么时候有手术指征，不但能够选择最佳时机，还能做好围手术期的处理。

一般来说，基本有疗效的有遗传性球形红细胞增多症（HE）、自身免疫性溶血性贫血（AIHA）、原发性血小板减少性紫癜（ITP），其他病种的疗效尚不够理想。我们曾经对一组ITP进行随访，认为该病是机体对血小板相关抗原产生自身抗体，在相关抗体中，血小板表面包被抗体（PAIgG）最多见，约占95%。该抗体与血小板计数呈相关，绝大多数ITP见PAIgG升高，脾切后该抗体降到正常，但血小板计数同时上升，证实了脾脏是产生抗体的主要场所，也是破坏血小板的主要场所。当然在临床实践中尚需合适地选择病例。我们还对该病脾切除后判断疗效的指标做过研究，除术中必须寻找并切除副脾以外，认为年龄、脾重、脾淋巴滤泡与生发中心的平均数量和直径、术后血小板上升速度与峰值等几项指标有一定的参考价值。

所以，强调围手术期的处理，加强内外科协作，将对血液病脾切除治疗有很好的作用。

如今，血吸虫性巨脾已经不像从前那么多了，但这种脾切除非同一般，有时的确很容易，但遇到广泛、致密的血管性粘连时，则是一个极难的手术，我们已遇到很多次，决不能不知深浅，一意孤行。强行分离脾膈、脾肾等粘连组织时，可招来无法控制的渗血，会措手不及。发生此类惨痛教训已不止一次，值得重视。我们的经验是切口要足够大，可以先细心处理脾蒂动静脉，认清楚后在包膜下剥离，随即迅速托出脾脏，遗留的脾包膜紧贴于膈面，侧腹壁和后腹膜不必去除，这有助于逐步一一缝扎止血，耐心处理大多能控制渗血。氩气、"止血纱布"只有在基本上无活动性出血时才能应用，千万不要抱侥幸心理，置管引流必须畅通。至于肝硬化门脉高压症巨脾是否保脾，我们认为保的价值不大。

这就是上世纪90年代末，我们医院关于脾脏手术的一些探索。今天看来，有些技术虽然不是最前沿的，但有些经验仍然值得外科医生汲取。所有的医疗技术探索之路，都是建立在前人筚路蓝缕基础之上的。我期待后来的医生技术青出于蓝而胜于蓝，更上一层楼。

他人看他

黄士中[①]：他是苏州外科医界的骄傲

郑 黄教授您好，我们是东吴名医项目组的，想请您介绍一下陈易人教授支持苏州第二人民医院外科建设的情况。

黄 好的。当时，我在医院担任业务副院长，我们外科技术水平相对来讲还是有点差距的。上世纪90年代苏州第二人民医院申报江苏省的等级医院，当时从科室建设来讲，我们只有一个骨科，外科建设非常薄弱。刚好，陈易人教授从苏州医学院附属第一医院退休，他在整个江苏省都是赫赫有名的外科专家，所以我们就邀请陈教授担任我们外科顾问，来指导我们的科室建设和规划。

他来了以后，提出了一些科室规划建议：把我们的外科从原来的只有一个普通外科，提升为二级专科，并且把外科分为普外科、骨科、脑外科、心胸外科等，一下子就把架子搭起来了。这些专科建设对于我们申报江苏省等级医院是必需的，也是必备的。有时候，在一个单位，带头人或者说领头羊很重要，尤其是对我们讲业务的医疗单位来说，更是如此。

郑 当时邀请陈教授来，是不是很顺利呢？

黄 当时请陈易人教授来当顾问，其实从苏州医学院方面请有一定难度。苏州医学院1957年从南通搬到苏州，我们那时候还不是它的附属医院。后来，我们追溯到苏州第二人民医院曾经是苏州医学院的教学医院，陈教授从医学院来讲，也是有责任有义务来帮助我们提高外科整体技术的。另外，他作为江苏省医学会外科委员会的主委，也理应从学术上给苏州地区的医院以带动和提升。他来了以后，确

[①] 黄士中，骨科主任医师，教授，苏州市名医，享受国务院政府特殊津贴专家，退休前为苏州第二人民医院副院长。

实对我们医院的科室建设起了很大作用。除了科室建构，另外一个就是在业务指导方面起到了很大的推进作用。对于现代医疗来说，我们外科是个整体性强的学科，有相当一部分疾病需要通过外科手术来治疗。陈教授对我院外科技术方面帮助非常大。我们院里遇到重危病人，或者是紧急抢救病人，紧急关口，都邀请他当救兵。上世纪90年代，苏州家庭电话安装还不多，我们医院通过电信局专门给陈老家里申请了一部电话。有紧急情况打个电话，只要他接到电话，就会马上赶来施以援手。所以我们一有危重病人，就打电话请他过来，现在来讲就是紧急会诊。当时他是医院顾问，他来了，我们就有了主心骨，他往往立马拍板，手术！他这个顾问不仅仅是顾问，有时候还亲自上手术台。

郑 您能举几个陈教授当"救兵"的案例吗？

黄 好的，我来讲几个病例。我记得有一个急性胰腺炎病人，急性坏死性的胰腺炎，这个病人必须要开刀。可是，一般医生不敢接这个手术，因为有很大的风险。当时我们就电话请陈教授来支援，陈教授决定亲自开刀。因为是急诊手术，不像别的不急的手术他还可以吃点饭上手术台，这个手术等不及。当时他就吃了碗方便面，一直做了几个小时的手术。这个病人因为急性胰腺炎做了两次手术，属于"三进宫"的病例，这个病人遇到陈教授还真是幸运。最后，陈易人教授妙手回春，终于抢救成功，没有什么后遗症。还有一位患者，很年轻，那天是下雨天，他身穿雨衣过马路，不小心被东西刮倒了，造成严重的骨盆骨折。这个毛病一般不主张保守治疗。这个病人被送来以后，先是我们的外科医生进行了保守治疗，但是保守治疗不行，因为病人联合部位有个血管断裂，造成大出血。当时这个情况下，我们又紧急联系陈教授，他当机立断进行手术，最后把这个病人抢救过来了。现在那个患者已经年纪很大了，而生活各个方面没有受到影响。平时有危重、急症的手术，我们都会想到陈教授。有一次，在一个患者在手术过程中，胆总管不小心被弄断掉了，情况十分危急。我们一个电话打过去，他马上赶过来上台，操刀手术。这个我有印象。

　　当然还有一些比较大的手术病例，比如治疗癌症，陈教授在这方面有相当多的经验。当时，我们院里遇到一个很大的胰腺肿瘤病例，很多医生都束手无策，最后也是在陈教授帮助下进行了这项手术。他还手把手带我们院里的年轻医生，做手术时让年轻医生在一旁观摩，并且边做边讲解。我觉得陈教授这个人，在医术上一点都不保留，他没有门户之见。他希望把医术教给更多的医生，帮助百姓解决更多的痛苦，这就是人们常说的医者仁心。

上世纪90年代，像血吸虫、肝硬化、脾脏大、门静脉高压等病症的手术，对外科来讲是比较大的手术。我们院里原来在这方面技术力量比较弱。但是在陈主任的带领下，我们开展了脾、静脉的手术，这些都是比较复杂的手术，考验一家医院的医疗水平。说实话，我们医院在那个阶段，外科医疗水平提升很快，和陈教授的技术支援分不开。

郑 陈教授在学术方面，对苏州市第二人民医院有哪些影响？

黄 学术方面，陈易人教授在我们苏州或者江苏，乃至全国，是普外科方面的知名专家。他是《中华外科杂志》《中国实用外科杂志》的编委，他在实用外科领域有相当丰富的经验，在普外科领域有非常高深的技术，这个是业内同行一致公认的。我记得在上世纪90年代初，苏州医学会有个外科专业委员会，我当时是主任委员。我负责召开苏州市第三届外科的学术会议，陈教授当时是江苏省外科委员会的主任委员。当时要邀请一些专家来参加交流，他很支持我们苏州的学术会议，就是在他和其他老师的帮助与指导下，这届学术会议开得很成功。

那时候，我们医院的外科经常一个季度举行一次读书报告会，交流业务经验。陈教授作为苏州外科权威，也经常来参加我们青年医生的读书报告会。他给我们提一些建议，要求年轻医生加强技术训练，比如讲解手术的处理，解剖学的一些知识，外科疑难病例，包括手术操作过程应注意的问题，以及手术并发症的处理等，对年轻人的帮助非常大。我们医院普外科的学生写好了论文也经常找他，请他审看并帮忙修改，陈教授从不推脱。

陈易人教授的医德医风非常高尚，他还做过苏州市医疗事故鉴定委员会的负责人，做事秉持公道，维护患者利益。退休后还经常为医疗系统作医德巡回讲演。尤为难得的是，他从来不参加应酬。有时候，手术做完了，有的病人家属觉得开刀医生很辛苦，想表示一下，都被他拒绝了。有时候想感谢他请吃一顿饭，他也从来不接受，他几乎没有应酬，这对我们外科医生来讲是非常可贵的。

所以，我经常说，陈易人教授是我们年轻外科医生学习的楷模，一切以病人为重，把病人的疾苦放在第一位。

李德春[1]：师恩难忘 德技永随

潘 李教授您好，我们是苏州大学东吴名医项目组的，今天想和您聊一聊您当年在苏州医学院读书和师从陈易人先生的情况。

李 好的。我是1977年毕业的。当时医院有两块牌子，一个是苏州医学院附属医院，还有一个就是苏州市第一人民医院。当时我毕业来的时候，医院的规模没现在大，我是毕业留校的。当时我们分前期和后期，大部分人都想当医生，希望留在后期。有部分同学留在前期，前期就是做生理教学等，主要是做教学，而后期就是到临床上做医生或者做与医学相关的检测检验、护理等工作。

潘 您那时候是学的外科吗？

李 我们当时都学，甚至包括部分中医知识。到了医院以后再分科，我到了医院后就被分到外科了。刚入职时还没定科，当时的培养要求就像现在一样，必须轮转，满3年才定科。后来我就定在了外科，很荣幸跟着陈易人教授，在他的指导下工作。我是1983年考入陈教授的硕士研究生的，1988年再读博士研究生，1991年毕业。他是我的恩师，在他的指导下我受益匪浅，这是我永远不会忘记的。陈教授除了有医者精湛的技术以外，他还有仁者之心，医德非常好。我们那时候看到陈教授都很害怕，他年纪轻的时候就是个白头，给人一种不怒自威的感觉。我们跟他年龄

---

[1] 李德春，男，1977年毕业于原苏州医学院医疗系专业，博士学位，苏州大学附属第一医院主任医师。从事医疗、教学、科研工作近三十年，曾任中华外科学会第十二、十三届委员，苏州大学附属第一医院外科教授、主任医师，大外科副主任、普外科主任，博士生导师，享受国务院政府特殊津贴，江苏省有特殊贡献的中青年专家，省"333"工程第2层次培养对象。省医学会外科学会委员，省中西医结合学会委员，省外科营养学会委员，《医师进修杂志》（核心期刊）编委，省医学会、市医学会医疗事故鉴定组专家。（据百度百科）

相差很大，我跟陈教授相差大概三十岁，这就是一个父辈的关系，所以我们也不敢怎么多跟他接触，后来做了他的学生以后，反而更加了解他了。陈教授虽然看着很威严，实际上心地很善良。记得1983年，我跟他出去开一个学术会议，是去东北的大连、抚顺。我当时大概二十七八岁，陈教授比我大30岁，将近58了，但是整个过程都是他照顾我，而不是我照顾他，现在想起来我还是蛮感动的。

潘 在您的眼里，陈教授是个什么样的医生？

李 陈教授办事情很果断。我记得院里有一个老的院长——陈明斋院长，当时他大概83岁左右，因不明原因发烧，身体出了状况。做了很多检查都没有明确病因。当时医疗检查手段没有现在先进，只有B超、X光片子，还没有CT。大家都不知道怎么处理好，陈院长的血压也很高。我记得很清楚，陈教授打了个电话给我，说小李你过来一趟。当时我硕士刚刚毕业，我过去一看，好多领导专家都在讨论会诊。实际上陈老的意思是，应该由我们外科出力，但他也蛮为难，就问了我一下，说："小李，陈院长这个情况怎么办好？"我就说："这个还是我们外科来开刀。"所以我发现陈教授处理事情很果断，果然，我们做完手术发现开得很及时，没多少时间就好了。还有，他辩证法学得很好，他一直跟我们讲，对疾病，在战略上要藐视，比如看到腹腔的肿瘤就害怕了，你要藐视它，但是在战术上要重视它。如果倒过来你在战术上藐视它的话肯定要出事情。还有他一直告诫我们，难度大的话就从易的地方先开始处理，不要一上来就直奔主题，万一有什么事情就没有回旋余地了。所以他有一种通俗的说法叫农村包围城市，从边缘出发，从好做的地方做起，再做到难的地方，这一点我们也是受益匪浅。

潘 您跟着陈教授做过哪些难忘的手术？

李 陈教授一直说，要根据病人的情况来处理具体的问题。记得十几年前吧，苏州市某医院有一个王院长忽然生病了，请我们医院医生会诊。王院长当时大概六十几岁，陈教授当时70岁左右，刚好我要去印度开一个医学教育会议，陈教授说："那个会有什么开头啊，跟我一起开刀去。"于是我就退了会去跟他开刀。到了那家医院后看陈老开刀，我受到很大的启发：手术一般讲究一个彻底性，把周围组织都弄清爽，把其他东西都处理好。但有一个关键的地方，王院长有一个淋巴结躲在重要的血管旁边，而且旁边已经钙化了。王院长的意思是让陈教授拿掉，陈教授就对我说："小李，这个拿是能拿，但是靠近主要的血管，万一拿掉以后不好收场，就麻烦了，而且已经钙化了，应该问题不大。"于是，他大胆拍了板，所以我们就把这个钙化的淋巴结留着了。王院长到现在一直活得很好，假如我们真拿掉那个淋巴结，也许会有很大的不确定性。高明医生和一般医生的区别正在于此，要根据病人具体情况做出相应处理，这是他的独到之处。

　　这样的例子有很多。他办事比较果断，尤其是在处理危急病况的时候。记得当时有一个女病人，年纪不是很大，得的是慢性胰腺炎。她前后开了有七刀，当时病人痛得不得了。快下班的时候，我跟陈老说，这个病人我看她血象也高，可能要进手术室。陈老毫不犹豫，说："好的，你准备好了我们就开。"当天晚上就处理了，解除了危险。假如是有些医生可能一拖，就有生命危险。

　　像陈主任那一代人，他不会考虑病人对他怎么样，他就是站在病人角度帮你治疗。1978年，有一个病人要做胃部手术，我们医院的开刀病人大多数是从周边农村来的。病人开了胃手术后就回到了病房。结果晚上出现了并发症，痛得厉害。当时要联系家属也没有电话，联系不上。这怎么办？陈教授让同病房里的六个病人签字，给总值班打了招呼，我们就去动手术了，马上解决了问题。第二天家属来了，病人也好了。当时没考虑什么其他的。现在我们的环境根本不是这样子，我们现在要考虑如果没有家属签字，万一病人死掉了怎么办？现在考虑得很多，当时不需要考虑。我们现在这方面的压力比那时候大很多，医患之间缺乏信任，现在如果家属不签字医生根本不敢开刀。但我相信，未来医患关系会慢慢变好的。

潘　对一个病症的判断和处理，这是考验一个医生水平的试金石。

李　确实如此，因为病人情况不一样，手术情况不一样，要在具体情况下做出决定，不能考虑自己利益，而要考虑病人利益，这个方面他对我影响很深。

潘　您怎么看陈教授在做普外科主任时对科室的贡献？

李　陈教授这个人比较有事业开拓心。当时他是苏州市医疗技术教育方面的权威，实际上他也是当时江苏省外科医学的引领者。改革开放以后，他就引导我们科室和日本名古屋大学的青木春夫教授建立了友好关系，互派研究生，包括高敏主任、钱海鑫主任，都是陈教授当家的时候派出去的。他跟美国的路易安娜大学也进行过学术交流，这在上世纪80年代末90年代初是十分不容易的。那时候国门刚打开，苏州作为一个地级市，就开始医疗技术国际探索，难能可贵。尤其是与日本的青木春夫教授的交流，当时对很多门脉高压病人的处理大家都有困惑，但在陈教授的带领下，最早使用了青木春夫的手术方式，一直沿用到现在。还有，为了解决肝硬化晚期病人腹水问题，陈教授还搞了一个腹腔的腹水内引流研究，他专门做了一个引流管，通过这个管子将腹水引到腔静脉里面，效果很好。

当时苏南苏北差距很大，陈教授搞了一个叫腹部手术再手术的学习班，并且把这个学习班办到了苏北，培养了好多医生。腹部手术的再手术难度真的很大，变化很多。例如，胃部开了手术过了几年又出问题，比如胃癌复发等。第二次开刀难度很大，很多小的医院都不敢开，而且很多地方连这一观念都不太了解。我记得陈教授专门搞了好几期培训班，从苏南到苏北，培养了好多医生。现在看来很简单，但在当时的情况下，确实具有很大的开拓性，我们都很佩服他。为了这个学习班，陈教授和陈明斋院长当时还专门编印了一本书，把各方专家的经验汇集起来。那时候条件差，只能油印。这个任务交给我，我足足印了一个礼拜，才印了几十本。当时看我劳苦功高还给了我一本，本来都是给上面专家的。哈哈。

潘 您再讲一讲陈教授的工作作风，据说他对属下和学生要求很严格。

李 陈教授是我们外科学鼻祖裘法祖的学生，裘法祖教授对他们那一代人影响很深。他的医学基础来自德国，所以非常严谨规范。我听陈教授转述裘老经常讲的三句话：要知足，要知不足，要不知足。他跟我们讲，生活方面要知足，工作方面

李德春（左一）和陈易人（中间）合影

要不知足,学问方面要知不足。这"三足",他是经常跟我们讲的。我们办学习班,他又教我们要学习"三会":第一,要会做,你是医生首先会看病,你是外科医生首先要会开刀,做不到这一点就不是一个好的医生;第二,你要会说,要把自己的经验和体会传授给人家听;第三,就是你要会写,把外科技术通过理论沉淀下来,公开发表出来和同行交流,只有这样,才能促进整个外科医学的进步。

潘　我听说,他经常逼着研究生写论文,是这样吗?

李　这个我是深有体会的。陈教授那时候德高望重,对科室里的老医生也要提要求,别说研究生了。陈教授有他的个性,他对他认为是可塑之才的医生,就给他任务。他有时候会催:"哎,你这篇文章,什么时候要拿出来的。"那你就必须交出来,否则,他要发火的。当你文章写好以后,他会跟你讲怎么样改,帮助你修改到可以发表的程度。当然,他自己也确实以身作则,带头发表文章,我记得他已经七十多岁了,还在那里修改论文发表。我印象中陈老自己写的文章(第一作者)大概就有七八十篇之多。

不仅如此,他上班特别早,无论刮风下雨,雷打不动,总是第一个早早地来到办公室,等着夜班医生交班。即使年龄很大的时候,他基本上还是很早就坐在办公室里了,这点我们科室里的人有目共睹,大家也都很准时出勤。

潘　我看到院报上介绍陈老,只要电话一响,他就骑自行车赶过来。

李　这是他很早就养成的习惯,医院里一有什么消息,当时还没电话,往往是工人骑了自行车去喊他,无论什么时候,他随叫随到,就骑个自行车赶过来。他开玩笑说,那时候每次口袋里要放十块钱,我们说干什么?他说万一路上遇到有人要抢东西的话,我把十块钱给他,我要去救命救人的。还有一个细节,他说外科医生不能总穿要系扣子的衣服,要穿棉袄或者套头衫,脱下来方便,一披就穿上了,一到手术室就脱下,洗手开刀去了。这个细节表现出他对工作非常敬业。

潘　陈老在早期的学术上有过很多研究,比如围手术期的手术和护理方面,您能谈谈吗?

李　因为早年大家对围手术期不是很重视,尤其是开刀前。比如病人来了以后,检查是一个胆囊炎,那么就开刀吧。但其实,有些病人有一些并生病,同时患有心血管病之类,对这些若没有准备和留有预案,手术会产生很大风险。所以当时存在这种忽视围手术期的情况,国内在这方面比较薄弱,还没引起大家重视。还有手术后的问题,有些手术虽然做得很成功,但会有一些并发症,处理不及时就会引起很多后续问题。尤其是手术之前评估病人，极其重要。针对上述情况，陈易人教授主动牵头，编写了《围手术期的处理》一书，给很多一线医生以很大帮助，成为我们医学院外科医生必备的资料书。

潘 您在日常手术过程中，如何看待并发症？

李 并发症是很多的，也是很正常的。陈教授也说手术做得多了，就会知道并发症是很正常的。就是要及时发现，大胆处理。当然时机把握非常重要，如果这个时机不处理的话，病情就会从量变到质变，所以这个很关键，外科医生需要不断积累和提升才能认识到这点。

潘 李主任，我听说陈教授晚年得了一场重病，最后他选择您做的手术，您介绍一下当时的情况。

李 当时陈教授基本上已经退休了。有次体检时发现有些贫血，又做了胃镜发现胃上有点问题，经确诊是癌症。作为医生的他很干脆，就跟我讲，德春，还是开掉它吧！我说好的。当时是年前，马上要过年了。陈老的性格就是这样，很果断。当时院里也很重视，院里领导包括院长等都过来会商，毕竟陈教授这么大的年纪，虚龄90岁了。我记得很清楚，当时是在本院六病区开的。开刀时就提出了要不要麻醉的问题，要不要请外面医生来做手术的问题。因为医院出面可以请外面如上海、北京的医生。但陈教授对自己的学生很自信，他说都不要请，我就要德春帮我开刀，要汪良做助手。他说只要这两个人，自己培养的学生他最了解。我记得他说了一句话：如果我自己培养的学生都不行，那我这个老师也太失败了。当然，给陈老开刀对我们来说是一种激励，也是一份沉甸甸的责任和压力。毕竟是自己的老师，他也很清楚病情，加之又是90岁的人了，所以这个手术我们两个也是有点紧张的。他是外科的名师，他对自己消化道的手术了解得清清楚楚。在手术前后，有时稍微有一点情况，他就会想得比较多。所以整个过程还是比较紧张的。我们两个术前术后哪里做得不好，他就在旁边一直指点，拿自己的身体当教材了。好在手术很成功，逐步平稳了，到现在五六年了，恢复得蛮好的。

潘 当时研究手术方案的时候，有些细节是怎么讨论的？

李 一个方面，我们想这个手术创伤比较大，因为它的位置偏高，是在食管和胃交接的地方有个病灶，这个比远端位的手术难度要大，要么做全胃切除，要么做部分胃切除。全胃切除有个好处，相对切除的病灶比较多。我们考虑再三，像陈老这种情况，若要保留一部分胃，虽然好像保留了一部分，但要恢复起来也不一定好。

另一方面，他岁数大，万一有并发症，我们也很难处理。所以在手术台上，我们也考虑再三，要不要留一点胃？陈教授很豁达，说我不管，你要让我有吃一碗面的条件。后来，我们在手术中间也考虑到他的安全，再加上他的病灶也不是很小，要是勉强保留一部分胃的话，意义也不大。所以我决定不留，全都切掉。这样最多人消瘦一点，但可以保证他的安全。虽然陈教授从事了几十年外科，但他自己也蛮担心的。第一个他害怕漏，术后一天，他说德春我估计是漏了，你给我看看，我痛得要命；第二个，他说德春，我可能是粘连了，怎么会有一阵阵的痛？我坚定没有问题，后来终于好了，他也很高兴，总算平稳过来了，到现在有五六年了。他对这个手术还是满意的。后来，他有点不舒服，没有力气，对我说肯定是复发了。我又帮他做了检查，发现是营养不良。因为他吃得少了，后来就给他调理了一下，现在基本上已经放心了。

潘 给陈老做手术，对你们弟子们是一个考试。您有没有担心自己手术失败信誉上受到影响？

李 当时我还没往自己的信誉方面去想。我只想既然老师信任我，我也有这个能力把事情做好。但是我需要考虑得复杂一点，要从各个方面去考虑病情。这里面有个细节问题，比如说，他开这个刀由于年纪大，愈合能力差，缝合伤口面积也比较大。我们以前包括现在有个紧张缝合方案，就是用针把它拉紧，防止它裂开。我们的老师是有性格的，这方面他就不太能够接受得了。手术后有两个针放在那里，线都拆掉了，针要放两三个礼拜。然后我就想怎么处理呢？我在皮下腹摆线那个地方，在里面做了一个内紧张缝合，同样达到这个效果，但是外面就看不到了。而且这次手术以后，我们也积累了经验，对一些年纪大的患者都采用这个方法，效果确实比较好。

  对于这个手术，我确实没想到要去获得什么，但是我想我一定要把它做好，这是我作为学生的责任，不允许我在细节上出问题。止血、缝合还有手术后，这些方面我都很谨慎。陈教授手术以后年纪大了，心脏的各方面功能都弱，不敢给他输很多液体，怕他的心脏吃不消。因为老年人心脏功能衰竭，就会很危险。手术以后身体的液体少了，术后大概10个小时，陈老一直没小便，我也很紧张。一直等到深夜十二点钟，他终于小便了，我才长出了一口气。陈教授由他喜欢的弟子曹苇护理，曹医生说现在就交给我吧。曹医生从早上7点到晚上12点，一直配合我手术。陈教授在一旁安慰我们，说你们放心，不要有顾虑，该怎么样处理就怎么样处理。

潘 跟陈老在一起,他有没有批评过您,对其他学生的要求是否严格?

李 他批评往往是对事不对人,对你做错事情他会很严厉,告诉你这样不对,但他对人是很关心的。他这个人不拍马屁,我也不拍马屁。大家都是凭本事吃饭的人,关键是要把手术做好,把刀开好。有一件事我印象很深,当时我们国家溃疡病人特别多,尤其是胃和十二指肠溃疡。我在做研究生的时候,有一年去苏州医学院附属第二医院会诊,治好了一个这样的病人。那边的外科主任给了我120块会诊费。陈老跟我说,病人已经给你机会治好他了,你已经得到了锻炼,这个钱还是不好要。于是我就没收那个诊疗费。所以说陈老对学生的要求真的很高。

潘 在做研究生的时候您主攻什么方向?

李 一开始不是陈教授带我,他当时的重点研究方向是肝胆和胃肠,后来才跟他学习。现在医学教育中肝胆、胰、乳腺是分开的,当时专业还没这么细。陈教授带学生都是因人而异的,看你适宜哪个方面,就让你往哪个方面发展。

我现在带的学生都是搞胰腺肿瘤,这个是疑难病症,治疗效果很差,很难治愈,目前还是面临着很大的攻关难题。我们国家很多知名人士,比如央视的某著名主持人也是得这个病去世的,确实很难控制。越是难,我们就越是要攻关。

潘 很多外科医生的论文写作能力比较薄弱,据说您的理论能力比较强。您认为论文写作和外科手术的相互关系是怎样的?

李 陈教授教我们要会开刀,会看病,会讲会写。这些之间有互补作用,书看得多了,对你是有作用的,你自己的经验是有限的,所以你要去学,等到把你自己的经验介绍出去,也是一种提升。写文章是现在职称晋升有这个要求,不同医院之间也不一样,一定要核心杂志什么的。现代人都有惰性,都怕动,而要写一篇文章,需要花好多时间。你写的东西不能造假,要靠实验和数据说话。我记得当时读硕士研究生时,陈老作为导师每个礼拜都让我读好多文献,而且不是在电脑上,是要到图书馆去看,还要做摘录,做成卡片。所以我感觉,陈老现在可能还保留了很多这种读书的卡片,每种卡片都要做分类,比如胃肠道的,比如肝胆的,做了卡片,当你要研究的时候就很简单了。像现在虽然百度就能查到,但那是肤浅的,真正要找到原著才能看到细节知识。人都有惰性,你不逼他,他就不行。所以我受益于陈教授,我在年轻的时候,陈老一直逼着我写文章和看书,所以我是受益的。写文章最大的优点就是逼着你去找文献,找资料,了解当前国内外进展情况,现在看来真的是受益匪浅。

潘 像陈老那一辈专家，医德医风是非常好的，您怎么评价？

李 实际上医风是现在才有的说法，以前医生的责任就是把病人治好，其他事情考虑很少。这个问题逐步演变到现在，不是一天两天的事情，所以说冰冻三尺非一日之寒。以前大部分医生是没有医德这个问题的，那时候医患关系简单。当然，这也和社会风气转变有关。陈教授的薪水当时算高的了，也不会在乎这些。那时候病人送点鸡蛋已经算很感激了，基本上是送了都不会收的。我记得当时有病患家属送了好多鸡蛋，陈教授坚决不收，病人就说不收要碎掉的，陈主任说哪怕碎掉了我也不会收。他就是这样的一个人。

汪健[1]：老辈医人的风范

潘 汪院长，请您聊聊陈易人教授的工作作风，以及手术、治学情况。

汪 我是陈老的博士生。因为我们医院没有博士点，当时能读个硕士已经不得了了。后来兴起读书热潮，我们都开始读博士了。那时候我们要到苏州大学附属第一医院读博。一般招生每年只有一个，那年有三个人考取，一个是我，还有苏州市第二人民医院一个，常州市第二人民医院一个，那时算扩招。陈老之前跟我们院里也有合作，我们儿童医院外科最初也得到过他的帮助。因为陈教授在省内有很高的声誉，所以我后来读博士就跟着他。在业务上也有交流，平时遇到问题请他来会诊，不管是白天还是黑夜他都会赶过来。陈教授有丰富的医疗经验，这么多年我们跟他一起工作学习，感到他就是个"救火"队长。苏州好多医院有什么问题都要请他出场，很多复杂的毛病，突发的情况，都会想到他。这个时候，陈老的医疗经验就很重要了。记得一次我们碰到一个病人，是个半大小孩，得了阑尾炎，小孩的阑尾炎很容易被误诊，因为症状不明显。那个小孩病情很严重，因为拖了很长时间。我们专门请他来会诊，马上手术，现场解决问题，手术效果很好。那个小孩现在长大了，有时候过来看病，就和我们医院的人说，你们那时候请过来的老医生最后救了我一命。有种没齿难忘的感觉。

潘 苏州大学附属儿童医院目前是非常好的三甲医院，您刚才说，陈老也对医院的外科建设有过一些帮助。

汪 应该说陈老对我们有很大的帮助。江苏省卫生系统搞"青蓝工程""兴卫工

---

[1] 汪健，苏州大学附属儿童医院院长，教授，博士生导师。2002年获选江苏省卫生厅135重点医学人才，2006年起担任江苏省重点学科儿科学首席学科带头人。中华医学会小儿外科分会委员，江苏医学会小儿外科分会副主任委员，《中华小儿外科杂志》和《临床小儿外科杂志》编委。

程"，当时组建医疗团队，我记得最深的，是老先生亲自陪我们到南京军区总院找到黎介寿院士，黎介寿是省内很有名气的专家。"兴卫工程"要求联合，我们要附属于他们的团队，陈老亲自陪我们找到黎院士，促成我们加入了他们团队。那时部队医院和我们地方医院是互相帮助的。最后，这个科研成果很成功，"兴卫工程"受到上级表扬，陈老起到了牵线搭桥的积极作用。

潘 作为学生，您对陈老的医风医术医德有什么评价？

汪 陈老在学术上很严谨，这点我印象很深。我有时候到附一院去找他请教问题，毕业后也经常去他家里讨教。每次过去，他都在埋头阅读医学杂志、文献，他对学术研究真是孜孜不倦。就是在退休以后，他这么大年纪还一直在吸收先进的知识，也给我们后辈做了一个很好的榜样。他经常告诫我们，做论文的时候，数据要准确，不能弄虚作假，资料实验要亲自做。我们的论文交给他，他往往修改很多遍。有时候一个电话过来说，你这个论文还有什么地方要改的，你赶紧过来。我们马上赶到医院去找他，他会一字一句地纠正。特别是在用词方面，他每个词都很计较。我们如今在工作中也是以他为榜样来教育学生的，要求学生科学、严谨、务实。

潘 您看过他上手术台亲自做手术吗？

汪 他做手术时我们要在旁边观摩学习的。一般比较复杂的手术，他都会亲自上台，有时会言传身教地让我们做。学生们做手术遇到紧急情况，他也会出手帮忙。我记得有一次，有个病人在台上突然大出血，主刀医生很紧张。陈教授在旁边马上说，你手先压着不要动，不要慌。然后他马上穿好手术服上台，三下五除二就按住了出血点，进行了缝合，病人转危为安。这种事情在他工作中有很多，我们在旁边都看了很多例。

潘 我听说，在他的弟子中，您的论文是写得很好的。

汪 这也是老一辈的要求嘛。我就是按照陈老的指导，理论学习和实践相互促进，确实使整体医术提升很快。后来，我自己也非常重视理论学习，阅读资料，参加学术会议，掌握国内国际医疗前沿动向，可以说受益匪浅。

潘 生活中，陈老给您留下什么印象？

汪 陈老在生活上很简朴，但是在学术上要求很严。他最喜欢吃面，有时候手术结束，他就会吃碗面；在家里的时候，他早晨也喜欢吃面。所以老先生对生活没有很高要求，对病人、对学术却是孜孜不倦、认真负责的。老一辈医生身上的优良传统非常值得我们后一辈去学习、继承。

其实很多外科医生都是这样，这是个老传统。比如对学生严格，认真严谨，这和人文领域不一样。据说民国时期胡适给人家批作文，戏称胡批。因为他没时间，就让学生们把本子扔出去，谁扔得最远，谁分数最高。这在医疗学术上是绝对不可能的。像陈老，他对医生记录病史就要求很严。有时候他检查住院医生书写的病历，拿手这样一比，如果记录没超过五行，就要扔出去。这反映了一种严谨记录的态度，而不是马虎应付。从这个细节上就能看出老一辈医生的品质。

苏州医学院外科的发展，包括陈明斋和陈易人等一辈老先生，都属于早期开拓者。在这些老辈人中，我更钦佩陈易人教授，他在沪宁一带的医疗圈里鼎鼎有名，他就是"救火"队长，一有什么紧急情况，他就会来救场，救人无数，他是一个令人钦佩的老先生。

而且，陈老的医德非常高尚。他从来不收红包，也不吃人家的饭。现在社会大环境对医疗行业有一些误解，但有些地方确实做得不够好。我一直很欣赏中央电视台主持人白岩松讲的两句话，医学跟医德实际上是联系在一起的，做医生必须有医德。现在提倡讲医德，它要发自内心，不是一天多一天少，不是割裂开的。陈易人这一代老先生给我们树立了很好的榜样。

金珍元①：他的眼里只有工作

陈易人夫妇

潘 您第一次见到陈教授是什么时候？两个人结合有什么故事吗？

金 我告诉你为什么会有这样一段姻缘。我出生在一个小商人家庭，我家经营的就是观前街的老字号糖果店采芝斋。小时候，父亲是比较重视我的，我们家里姊

---

① 金珍元（92岁），陈易人夫人，退休前系苏州市景范中学教师。

妹六个，两个哥哥年轻时就夭折了，我上面还有大哥、二哥，下面还有一个妹妹，一共兄妹四人。因为我们家里一直都有一个愿望，希望有个孩子能从事医学。那个时候，我爸爸虽然是一个商人，但他不喜欢做生意，结交的朋友都是知识分子。他很相信医学，非常相信西医，所以他希望我两个哥哥念书去学医。但是，最后没有成功，我两个哥哥都不肯去，我大哥继承了我们家的生意。我妹妹学习还可以但不算很出色，而我很喜欢读书。小时候，小学有一年我考了全班第一名，父亲很开心，给我买了一架风琴。看见我喜欢唱歌，喜欢文艺，就买了这架风琴作为礼物。他对我期望很高，希望我学医，但我跟父亲说我不喜欢，因为我怕看见流血，我很喜欢数学。后来我父亲希望我出国，还给我请了一个家庭教师教英语。1942年，我们家的产业受到战争破坏，父亲生病后就去世了，家庭受到不小影响。大哥喜欢做生意，继承家业。当时，我母亲和大哥为这个家庭付出了很多，我的学业就被放到了后面，就不让我念书了。后来我还是坚持要念书，到了抗战胜利以后，我就去振华女中补习，后来就读了东吴大学。

潘 讲讲您第一次见到陈老的印象。

金 那个时候我很喜欢参加活动，在东吴大学我学分念得比较多，三年半就念完了。刚解放时学校的活动很多，我记得参加过苏州市第一届妇女代表大会，是代表学校女同学参加的，全校就我一个代表。陈易人的妹妹是我大三时候认识的，她喜欢东闯西逛，就到我们这边来了。她也是苏州人，我们就一起玩，慢慢就熟悉了。他妹妹叫陈淑英，她的丈夫是西安交大的教授，她的公公是苏州有名的教育家施仁夫。我听她讲他们家的情况，我觉得非常好，虽然不是很有钱，但是兄弟姐妹非常团结。陈易人很有事业心，我也很有事业心，我觉得两人很合适。

认识陈易人也很偶然。我跟他的妹妹经常在一块玩儿，后来就跟着她到她哥哥的诊所去了，就认识了陈易人。第一次见他，觉得他长得很帅，穿着西装，说话低声低气，很文静的。两个人熟悉以后，我们还一起坐马车到虎丘游玩。我们约会时都是跟他妹妹一块的。后来他说，我跟你到你家去，意思是见见家长。后来我带他回家，我妈妈看了他，对他印象蛮好的，又叫我们金家的叔叔们也过来看。当时我们采芝斋是我妈妈做主的。她是女强人型的，所以她看人是很准的。后来她还专门到诊所考察了一番，给诊所出了很多主意。后来这门亲事就成了。

当我了解了他家庭的情况后，还是很感动的。他的父亲死了以后，家里完全由两个哥哥在经营，他的母亲是第二个太太，在家里是不做主的，但对他们蛮好的。

抗日战争爆发以后，他父亲生病去世，家里出现变故，就家道中落了。但是，他们弟兄之间感情很好，都是相互帮助的。他念书时家里很困难，那时他的四哥已经工作了，每个月要寄给他十块零用钱。后来我认识他的时候，他们家里的生活用钱也都是四哥每个月从天津寄回来的。

潘　他的四哥当时做什么工作？

金　他四哥是天津美国TNT公司的中方翻译，经济状况比较好。在我读大四的时候，他的妹妹和弟弟刚进大学，也是东吴大学。他的妹妹很早高中毕业了，没办法念书，后来他四哥找到工作才让他们都进了大学。所以他们家里兄妹几个相当团结，这一点我非常佩服他们一家。为什么呢？因为和我的家庭情况正好相反。那个时候我们家里虽然经济很好，但是，因为家产的继承权利，几个叔叔你抢我夺，家庭很不和睦。在那个年代，我们家女孩中只有我一个念大学的。我那个时候念大学也是跟家庭争来的。家里人说女孩念什么大学？中学毕业出来就可以了，将来找个好人家嫁了。但是我父亲是个很开明的人，他很早就灌输我们一定要念书，要多学文化。我父亲有一个愿望，他说将来我最要培养你一个人，送你去国外留学。可惜的是，他很早就过世了。父亲在世时，我年纪还小，经常看到他做善事。比如，店里还送一些简单的药，假如顾客很穷，没有钱看病，他就配一些对付感冒的药，一小盒一小盒的，有人来讨，他就送给人家。

潘　这中间有没有什么波折？

金　当时我跟陈易人谈朋友也是有阻力的。我的本家叔叔们过来看了以后，了解到陈医生家道中落，觉得他们家经济条件不好，穷医生和我谈恋爱，可能不是看上了我本人，而是看上我们金家的门庭。不过我妈妈一锤定音，看上了这个年轻人聪明有头脑，又是学医的，职业生涯可期。所以力主我们结合，说没有钱不要紧，办喜事都由我们来。所以，我们两个结婚时是住在我们家房子里的。

潘　请您给我们介绍一下当时结婚前后的细节好吗？

金　先说结婚前。我们两个订婚后，还没有正式结婚，两人走在街上很引人注目。特别是西式医生，苏州比较少。苏州以前有好多医生，但中医比较多，年纪比较大，资历很老。以前我们家里人生病都不去医院的，苏州当时没什么医院，都是请到家里来的，所以好多有名的医生都是认识我们的。看到我和他走在一起，人家都要看他，都要打听，说这个人是谁？在哪里开的诊所？以至于陈易人西装笔挺坐着黄包车在观前街上跑来跑去时，人家在背后都说，这个人是"采芝斋的女婿"，哈哈，特别好玩。等他到医院工作时,还有人记得他这个外号。

我们是1951年3月结婚的。婚礼仪式很浪漫,当时是在上海最有名的国际饭店举办的。我们家包了整整三楼一层,有礼堂,作为婚礼招待客人的地方。还有一个房间我们租了一个礼拜,都是当时流行的那一套,穿婚纱,有酒会和舞会。我们金家和陈家在上海、苏州的亲戚都来了,有好几百人参加。照了一套100张的照片,非常洋气。可惜后来十年动乱时期害怕惹麻烦,都悄悄烧掉了,真的很可惜。婚礼很气派豪华,中间还有一个小插曲:他的一个侄子酒喝多了,不小心把人家饭店的一块落地大玻璃给打碎了。我妈妈说没事没事,人没有伤到就好,一块玻璃我赔,钱结账时一起付。那块玻璃的价格相当于现在的好几万元。那个时候糖果店还没有公私合营,采芝斋还是金家的。

公私合营以后,我哥哥把店交给了政府,那个时候我觉得国家对我们家还是很好的,给他的政治地位也蛮高的,人民代表、省政协委员,都给他做。后来他一直都遵纪守法,总的来说还算平稳。

我们俩结婚其实用了我们店里不少的钱,我那个时候不晓得。后来他们告诉我,说你们结婚用了店里很多钱,大概有好几万吧。那个时候好几万值现在好多钱的。现在想想,真是有点奢侈。

潘 确实是很有意思。陈老到南通去,您在苏州的生活怎么样?

金 那个时候我在景范中学校里当老师。从东吴大学毕业后,我跟几个同学办了一所私立学校,后来合并到景范中学去了,我也就到那个学校任教了。直到1956年变成了苏州市第二十二中学。那时候陈易人在南通工作,回来的时候很少。他的工资原来在康复医院每月有160块,后来到南通改了,减到140元。那个时候学校运动很多,丈夫不在家,我在学校的工作也很忙。1952年1月生了老大,我年龄比较大了,二十七八岁,好多医生不敢接生。他在上海有一个很好的朋友,也是同学,姓张的医生,叫他过来帮忙,早上7点就生下来了。那时候,我们两个工作都很忙,孩子都是我妈妈帮忙带大的。1956年又生了老二。我生的两个孩子都是吃人家的奶,用奶妈的,那个时候都是把奶妈请到家里来。平时家里有一个老式的保姆,全面管家里面的吃喝拉撒。

潘 家里当时生活开支够用吗?

金 本来是够用的。他五哥继承了家业开皮鞋店的,后来到青海去劳改了。因此,他要接济这个五哥,每个月要给他几十块钱,另外还要支援四哥。因为四哥原来接济过家里，后来四哥没有工作了，大家庭的重担就落在陈易人身上了。这样，陈易人的工资一百几十块都给他们家里，我们小家生活就用我的工资。他们陈家有个特点，兄弟姐妹们很团结。当年四哥经济条件好，能够撑起家里一段时间，让他和妹妹弟弟读大学；等到四哥不行了，陈易人就成为家里的经济支柱。所以他们家一房一房都没有分开，全都打混了用的，家风非常好。他一直照顾到四哥去工作，包括他们家孩子上山下乡的车钱，背包钱，到新疆去的火车票钱，都是陈易人付的，所以他的侄子侄女对陈易人很不错，一直有感恩之心。

潘 你们婚后在事业上是互相支持的吗？有没有矛盾？

金 我们结婚后，他们家出了变故，第五个哥哥1958年因为店中资金问题受到牵连。陈易人就回来跟我讲，五哥、四哥都出了问题。他在诊所的收入也不是很多的，我就跟我妈妈讲，她说我们一定要帮助他。因为他们家都是互相帮助的，所以他五哥、四哥的家庭扶助我们都担当起来了。他全心工作，我帮他处理这些事情，他一点不用担心。诊所关闭后进了苏州康复医院，刚开始他有点不大适应，那里人说他怎么还穿皮鞋穿丝袜，后来慢慢习惯了。

陈易人事业上有这样的上进心，我全力支持他，因为我自己也希望工作上有成就，所以也希望他有成就。我们家里我自己也是天刚亮就出去，晚上才回来，我也没空，都是我妈妈帮忙，孩子由奶妈照顾。我就是让他一直安心工作，不让家庭的琐事影响他。家里有什么事我都不跟他讲，他没有时间休息，我也没有时间休息，两个人都是全力扑在工作上的。

陈锦驿[1]：爸爸给我的影响是无形的

潘 您好，请回忆一下小时候父亲的一些情况。他给您留下什么印象？

长子 我记得上小学的时候，有一次老师让我们写作文，题目是"我的父亲"。我对父亲的印象就是一个工作狂。我记得父亲少白头，背微驼，骑辆兰令自行车。那时候我们家住在广福里，安装有电话。晚上，医院里经常有急诊打电话叫我父亲去，有时候是半夜里，他从来不推辞，尽管有时是很冷的冬天。我从小就是这个印象，父亲对工作非常投入。在医院值班，时间长了别人可能都有怨言，但我父亲从来没有，他甚至觉得挺有趣的，他把工作当作了乐趣。所以说从小的印象中，父亲就是工作第一，有的时候达到忘我的状态。因为那时候妈妈全面负责家务，所以他可以一心一意地扑在工作上面。

平时在家里和父亲接触不多，也就是吃晚饭的时候，一家人才能聚在一起。主要就是饭桌上的谈话，那时候的话题永远都是围绕着他医院的工作，今天又开了几台手术，昨天的病人情况怎么样，还有自己又发表了一篇核心期刊论文，等等。好像我们家的谈话主题都是以父亲的这个工作为中心。

我记得很清楚，他的第一篇论文是手术案例分析，当时是在上世纪60年代，发表在《中华外科杂志》上。这是他第一次在国家级杂志上发表文章，高兴得不得了。他把杂志给我妈看，又给我看，我也看不懂。文章不长，好像一页纸不到，当时他才四十岁多一点。记得那天晚饭还加了两个菜，喝了一点酒。他平时从来不喝酒的。从那时候慢慢开始重视论文写作和理论总结。

还有一次，他想在《中华医学杂志》英文版发表文章。他写好以后让我姑父

---

[1] 陈锦驿，陈易人长子，现居美国，威斯康星州埃奇伍德学院历史系教授、系主任。

看，姑父是西安交通大学英语教授，我爸爸让他帮忙把关英文。后来寄出去发表了，拿到杂志后，他非常高兴，因为他能用英文发表理论文章了。

我记得从这次以后，他开始慢慢在理论研究上有了动力，越来越深入，越发表越多，后来还鼓励自己的学生也写论文。

潘 您印象中父亲有什么兴趣和业余爱好吗？

长子 他没有其他方面的爱好，小的时候他带我跟弟弟去游泳，他说他考进德国医学院的时候，在考试的项目上就得益于他游泳游得不错。其实当时还有其他考试项目，只是他认为答游泳题是他被录取的重要原因。哈哈。

他休息的时候，除了医学方面的书，他唯一喜欢的就是偶尔读一点侦探方面的书作为消遣，没有其他方面的乐趣，脑子里只有工作。

潘 很多家庭都为有个医生成员感到方便和省心，您记忆里父亲对家庭关心和照顾得怎么样？

长子 其实在家里，父亲对我们的关心是很少的，因为他没有多少时间在家里。小时候唯一记得的一次关心就是，那天父亲骑自行车带我，不小心在小巷摔了一跤。父亲把我扶起来，摸了摸胳膊，问痛不痛，然后对我说："回去不要告诉你妈妈。"就这样回来了。

总的来说，在家里我们都有点压力，因为爸爸有点霸道。他希望我们要走正路、要成长、要有事业心，他认为自己走到这一步不容易。他家是落魄商人，念医学院就是因为免学费，他能通过自己的努力走到这一步，因此希望下一代也能走这一步。

潘 那么您的个人成长和父亲的教育有没有关系呢？

长子 我知道他希望两个小孩长大从医，可惜我们两个都没有继承父业。我们没有从医有两方面的原因：一是因为"文化大革命"的影响，我初中没念完，就下乡了，所以我数理化基本上没怎么学，这对学业有一定影响；二是从我自身来说，我偏好文科一些，后来我从农村到工厂再到考大学，都是在我父亲的压力推动之下的。

当时考大学的时候我曾犹豫要不要考，但是我父亲坚决说要考。当时苏州77届有初考，我试了一下初考没通过。后来到1978年我就不想念大学了。我爸对我说还是要考，因为可能从1979年开始就要限制年龄，于是我鼓起勇气第二次考了。因为我爸爸是学的德文，所以在他的影响下，我也学过一点德文。我高考外语考试考的是德文，虽然我英文要好得多，但还是试着以德文作为外语，结果考得还行，超过了录取分数线。

我们家里，弟媳妇是医务工作者，这对我父亲来说是一种安慰。当然，他也希望第三代有人从医。我女儿到美国后选择医学，后来成为医生，我父亲很高兴。我们这一代身上，他肯定有遗憾，但在第三代和我弟媳身上得到了安慰。我想，从医的道路上，他们肯定也受到了我父亲的影响。

我父亲是医生，我们家里亲属其实没怎么借光，我的同学和朋友倒是经常找我父亲看病。我上初中以后，开始跟很多同学交往不错。那时候我同学生病、他们父母和亲戚生病都跑到我家里来，我父亲从来不推辞，还很高兴给他们看病。那时候我们家经常有很多人。我同学都叫我父亲"总伯"，就是总的伯父的意思，所以我们家里很热闹，我父母也很喜欢我的同学。

潘 陈先生，您能回忆一下父亲在工作中的情况吗？

长子 刚刚参加工作的时候，我父亲是同济派，而当时的人民医院从院长到医生大都是博习医院派。可能由于学术派系的关系，大家有时候会有不一样的看法。陈明斋老先生脾气犟，因为派系的关系，开始不喜欢我父亲，但慢慢走到了一起，经常埋怨我父亲书读得太少。我父亲对陈明斋院长是很尊重的，有时有点微词，可能是觉得他开刀不够胆大，但对老先生他又不敢讲。我父亲的学术进步，阅读国内外资料却是在陈明斋院长的督促下进行的。他学术水平和英文水平的提高都得益于陈明斋院长的推动。我父亲对他特别感谢，后来我父亲逼着学生读书，可能是受他影响。陈院长不单单自己看书，而且还把看到的东西传授给我父亲，鼓励我父亲去尝试。

我记得有一次，有一个病人要做手术，陈院长指导他要怎么做，并说最近看到美国杂志上介绍，这样做非常成功，他让我父亲试试美国最先进的方法。我父亲一试，效果果然不错。我记得两个人同台手术，我父亲操刀，陈明斋院长在旁边看，他开完回来说得益匪浅。

潘 您父亲对待学生怎么样？听说是很严格的导师。

长子 我父亲认为他的医疗技术主要是在昆山的时候提升的。就是前面对你们提到的昆山大开刀，开了很多的脾脏。他觉得当年在昆山能接触到很多病人，尤其是在农村，为普通百姓治疗，解困帮病，那段时间对他是很大的锻炼。他的手术思想强调的是手术以后的治疗，医生不是开了刀就不管的。他特别赞扬本院的吕光成（已过世）医生，这个人的特点是术后治疗做得好。后来还写了很多这方面的论文。

我父亲得罪人也不少，因为他脾气大，敢于用人，也批评人。我经常在饭桌上说他这个工作作风问题，他听不进去。他的研究生汪良（现在也是苏州大学附属第一医院的教授、主任医师）说他比较霸道，简直像个军阀，哈哈。我觉得，他肯定不是个好好先生，为人刚正不阿，好就是好，不好就是不好，一针见血，丝毫不留情面。有时候我们在饭桌上谈话，我觉得他这个做事方法不对，他觉得他有一说一。他说他的学生吕光成胆小，但术后护理好；另一个学生做手术干净，经常赞不绝口，但是又批评他文章写得不多，那个学生的问题就是开了刀以后对病人的关注不够。我说你这样说人家会生气的，他说我不管，该说就要说。

李德春教授是他最得意的门生，也是他最喜欢的，人很聪明，刀开得好。他就是喜欢开刀好的学生，外科医生，刀开得好是安身立命的本领。口碑都是这样树立起来的。病人会一传十十传百，赞颂你的医疗技术，外科专家都是实打实的，来不得半点马虎。

他说他开刀之所以比人家开得好，是因为好多人不敢决断，他就敢开，而且开出来以后知道怎么处理。父亲不说他的手术高明，他说他比较"敢"开，胆子大，基本上都成功了。当然，这个赌一把也不是没有把握，其实他胸有成竹，只是我们外人看起来像赌一把。听说父亲小时候的性格不是这样的，慢慢地医疗实践中变成这样了。

潘 我听说您在昆山插队的时候，陈老来看您，顺便就给村民看病了，是这样吗？

长子 我父亲那时在昆山已经小有名气。因为他上世纪60年代在昆山开刀就很多，经常到基层去，给那些血吸虫病患者开刀，对他的医术提高很有帮助。那时候昆山县医院、乡镇医院的医生都在他那学习到不少医术。

我下乡到昆山以后，有一次，我爸到陆杨乡九队来看我，当时我和班上七个男生在当地插队，住在一个地主家的房子里。结果大家听到苏州陈医生来了，就都到这来看病，排起了长队，周围几个村的村民都赶来了。结果变成了看门诊，什么科都找他看。可见当时乡下的医疗条件太差了。

我父亲到苏北响水去了好长时间，所以一直有以前的病人到苏州来送一些花生和鸡蛋什么的。有一年有个苏北的病人来我家，不是送东西的，他到苏州来没

陈易人教授全家福

饭吃，就到我家来吃了一顿饭。我家阿姨给他盛了满满的一碗，菜饭在一起，他吃完就回去了。那时候我还小，现在想想觉得很有意思的，说明我父亲和病人关系很好，毫不见外。

陈锦骐[1]：我们都想当爸爸的病人

潘 聊聊您对父亲的印象好吗？

次子 我父母的恋爱史都是老一代的，那时候的人不像现在这么浪漫。他们结婚以后，两个人一门心思都是工作，也没有太多的情感表达。两个人就这样很正常地忙于工作，一个在学校里忙，一个在医院里忙。我父亲年轻的时候，主要精力都在医院做手术。开刀以后，他总是要住在医院守着病人，要等病人完全恢复以后才会回家一次。他就养成了这样的工作习惯，所以根本不顾家的。说到这里，我都有点怨他，因为小时候他基本上没有怎么陪过我，当然也没有好好陪过我母亲。我母亲那时候是数学教学骨干，因为家庭出身不好，所以在单位要好好表现，每天早出晚归的，根本照顾不了我们兄弟两个。我小时候的记忆里照顾我的要么是外婆，要么是保姆，要么就是邻居。后来，到父亲当了第一人民医院大外科主任的时候，还是这个样子，以院为家，我们家里人都已经习惯了。

潘 关于父亲早期从医的经历，您有什么补充吗？

次子 我父亲从康复医院出来以后到南通去了，我以前听他说，他那个时候去南通还有一段插曲。当时的康复医院好像归部队领导，部队领导机关在镇江。他就到镇江去找一个领导，说想到医学院去。因为他是上海德国医学院出来的，就想回归到学院环境里去。镇江那时候管解放军医院的部门有一个领导对他说，那我们就专门为你陈易人开一所医学院好不好？他回到家里，气得不得了。后来果然南通开了个医学院，他就打报告要求过去了。那时候南通与苏州交通不便，我父亲基本上两三个月回来一次，所以我和哥哥小时候对父亲没有什么记忆。从南通回来以

---

[1] 陈锦骐，陈易人次子，从事外贸经营工作。

后，他到苏州医学院附属医院工作，那个时候该院和第二人民医院是合作医院，所以他有一段时间就在二院的。

潘　那么，您是否还记得什么小时候和父亲在一起的事？

次子　那时候我大概七八岁吧，记得有一次，父亲带我去洗澡，地上很滑，我不小心摔了一跤，把头摔破了，流了不少血。他就骑自行车把我带到医院急诊室，给我包扎治疗，这件事我还有印象。是他自己亲自给我缝的针，这是我作为儿子，唯一一次享受医生父亲的治疗。好像不疼，缝得很细致，没有留下多大的疤痕。他缝完针，就送我去母亲朋友家里。那个时候他们两个人全身心扑在工作上，没有人照顾我。那个时候，家里好像还没有请保姆，我就在我母亲朋友那边住了有半年时间。放到现在，哪有这样对待孩子的，撒手不管就是半年？

潘　您记忆里，那时候家庭是个什么样子？

次子　我现在总结，我父亲的时间分配大概是这样的：他百分之八十的精力放在医院，家里最多百分之二十，其中还有百分之十分配在病人家属那边，因为老是有病人家属到家里找他谈病情了解情况。我小时候比我哥哥皮，经常到处跑，有时候想父亲了，就偷偷跑到医院去看他在干什么。他一看见我，就跟我说不要来，赶紧回家去。因为他马上就要换手术服开刀了，我只好乖乖回去了。

我外婆是1962年过世的，我小时候还是有印象的，因为她带了我很长一段时间。而父亲呢，1961年他回到苏州医学院以后，我记忆里他晚上在家的时候很少，经常一会儿就接到电话到医院去，经常有急诊叫他到医院去。

我们家那个时候住在广福里5号，后来搬到2号去了。广福里和现在走红的电视剧《都挺好》里的同德里挨着，隔条马路，也是民国老洋房。他那时候中午一回来，就要马上吃饭。我们家有一个保姆，每天上午十一点饭一定要弄好，他抓紧时间吃饭，然后休息一会儿，马上又要到医院去了。如果上午没有手术，基本上是这样，非常有规律。晚上吃了饭以后，如果下午做过手术的话，他一定是要到医院去的，因为要术后观察，而且一旦去了，基本上要到九点半以后才回来，回来早晚要看病人手术稳定情况。

在广福里5号的时候，我记得还有一次印象很深。大概是1960年，经济比较困难，很多人家里吃的东西比较少。我父亲经常在医院里，有时出去会诊，家里基本上看不到他的影子。那时候有一个保姆照顾我，我母亲也要上班。我大概4岁左右，还没上幼儿园，在家里淘气，乱翻父亲的写字台。忽然发现写字台上有一个纸包的东西，打开看像是红糖一样的东西，就用舌头舔了一舔，不得了，一舔就跳起来了。因为那不是红糖，而是高锰酸钾，我哇的一声辣哭了。保姆马上就找到了邻居打电话给我父亲，说孩子误食化学药品了。谁知道我父亲听了一点都没有惊慌，他可能要忙着手术，也没有着急赶回家来。他听到以后就说：哦，你们多给他喝点水，喝了水就吐出来，多漱口，现在就让他嘴巴张开来多哈哈气。换作别人，孩子出事了，肯定飞奔回来了。直到晚上回来吃饭，他才问了我有没有事。这也说明，他基本上心思都在医院里，根本没有家里人。（说到这，儿子眼圈有些发红——访谈者注）

潘 您记忆中像这种情况多吗？

次子 还有一次，大概是1960年。那个时候家里没有人带我，还没有请保姆，他就带我到医院对面二院的职工幼儿园去。当时河边房子还没拆掉，幼儿园在二楼，他把我送到上面去，我就每天放学在门口等他。有一次，估计是有手术，时间很晚了他还没来接我，我就在门口一直等啊等。后来天都快黑了，才看到他骑着自行车来了，我开心得不得了，赶紧往下奔，不小心整个人从上面跌下来，疼得哇哇哭。他也就"哦哦哦~~当心点，当心点"说了几句，看看我骨头有没有断掉，把我的手脚捏捏弄弄，看我还蛮好，就把我放上自行车前面。好，回家去了！我觉得，他对家人基本上没有对病人那么关心的。后来，长大了我曾经想，如果我是爸爸的病人该有多好！

潘 这个确实说明，陈老一心扑在工作上，心里装的都是病人，没有家人。

次子 要是说家庭的事情，我还是有不少记忆的。我小时候身体不好，有哮喘的毛病，经常发作。父母比较忙，都是保姆或者邻居看我。有两次发作很严重，差一点就活不过来了。听说父母那时候都不在身边，我已经没印象了，后来是我的亲戚跟我说的。那个时候还住在老的房子里面（广福里之前），我后来被人送到医院里去了，总算救过来了。发病那个时候，我外婆都安慰父母，让他们再生一个，言下之意就是救不活了。这件事，我现在六十多岁了，想想都伤心。他们那个时候就是工作，一门心思就是工作。他们对家庭、对小孩都没有过分的呵护。

潘 您记得那时候父亲在医学技术钻研上有什么事例吗？

次子 我记得1959年的时候，他回苏州做普外科专职医生。为了将基本功练好，他回家后还练缝刀口的技术。他买了很多线，一团团在家里练打结的速度。他说一定要在几分钟之内打多少个结，而且还要看打结的平整度，一定要匀称的。我记得他练了好长时间，他说有的事情基本功练好了接下来就会方便点。那个时候，他回家经常说一句话："你不要看任何一个小事情，实际上你做好以后都会对你将来做大事情有帮助，这是个基础的事。"1954年，他到上海胸科医院进修，他刚去的时候也仅仅是一般医生。但他有个同学在里面，就让他一起开刀做手术。不管什么手术，只要他有刀开就让我父亲过来一起开。所以，那个阶段他的医疗水平进步非常快。他回到苏州医学院以后，也有点想到胸外科去，就是因为他在上海开过很多类似的手术，实际上普外科他是没有进修过的。不过，那时苏州医院的胸外科已经有两个医生了，于是他就到普外科去了。

潘　胸外科和普外科有哪些区别？

次子　胸外科可以说更专业一些。现在因为专科分得细了，这个理念改过来了。普外科的病比较杂，胸外科的病好像比较专业，像心脏病、肺部的病等。所以在当时年轻人里会有这种观念，认为胸外科比普外科的医生要牛一点。医学发展到后来，就没有这个偏见了，因为要求专科分得比较细，心、肝、脾脏、胰腺等，每个专业都要有很好的技术。当年那种观念现在淡化了，那个时候胸外科医生确实比较神气。不过，我父亲走上普外科之路，对整个苏州地区的普外科发展有一定的推动作用，从学术领域到硬件环境、医疗观念都有很大改变。后来，我父亲说，也许当初正因为选择了普外科才让他有长足的进步。所以，人生的选择很重要，不是站在高地上就比别人高。

徐苏丹[1]：长者　老师　榜样

潘　徐医生您好，作为陈教授的家人和同事，您是最近距离观察他的人，也是最熟悉他的人，请您介绍一下您眼里的陈教授。

徐　我是1981年跟我先生谈恋爱的。很巧的是，我实习时就在附一院普外科工作，陈教授当时是科室主任。那时候他作为科主任上班是很早的，规定七点半上班，他大概七点一刻就在办公室等着了。那个时候普外科在二楼，每天上班都会经过主任办公室，可能陈教授注意到我了，私下里觉得这姑娘不错，就到楼上去问那些同事，了解我的情况。通过同事把我介绍给他的儿子，后来我们恋爱结婚了。陈教授平时真没有私心，如果说有一次的话，就是他"利用职权"逮着一个媳妇。呵呵。

潘　和公公做同事，他对您的工作和事业有哪些影响？

徐　我没有在普外科工作过，只是实习时在那里。和陈锦骐谈恋爱，确定关系结婚后，我公公给我的最大印象，就是太忙了，忙得照顾不上家庭。医务工作者是没有假日的，他作为主任一般排班都会排在大小节假日。不巧我也是医生，我觉得想要在大年夜和家人团聚，基本上就是一个奢望。我公公婆婆在这方面对我特别理解，他们还说越是过年和节假日，越要顶上去，你一个人上班的时候更要认真负责，因为病人这个时候来都是有紧急情况的。这一工作上的教诲对我印象蛮深的，以至于我后来对年轻的同事也这么说。而且在我们家里，公公每年大年初一都会到病房去，所以我们家大年夜团聚在一起吃饭的时候真的很少。我在这样的氛围里面慢慢习惯了，在陈家没有节假日这个概念。

关于学习上的成长，陈教授对我的帮助也很大。我的初始学历不高，我记得

---

[1] 徐苏丹，陈易人二儿媳，退休前在苏州大学附属第一医院心超室工作。

我跟公公咨询要不要上夜大，他说我支持你学习提高，这是他给我的鼓励。我说现在读书好像也没什么用，进入医院以后就是评职称，学历也不管用。他说不是这样的，读点书总是好的，学习总是有用的。所以我1992年就开始学习深造，这是他给我事业上最大的帮助。我从小不在父母身边，所以我跟公公婆婆的关系非常好，我把陈教授当父亲一样尊重。现在他们退休了，我就在他们楼上买了一套房，方便就近照顾他们。

潘　和陈教授在同一个医院，从侧面了解他的工作情况如何？

徐　他在做科主任的时候，有自己独特的风格。当然知识分子成堆的地方是蛮复杂的，自然褒贬不一。但是总的来讲，在医疗技术上或者说开刀的技术上，那肯定是以褒为主，而且是赫赫有名，这个毋庸讳言。当然，些微的贬也有，许多下属觉得他过于苛刻和严厉，当然都是指工作态度，对人他还是很热心的。我公公有一个特点，可能是外科医生的性格，就是有什么说什么，性子比较直，有段时间医院还给他起了个绰号叫"大炮"。我作为晚辈和同事，觉得他没有带太多的私心，真的是在为医院着想。我和很多同事都蛮敬佩这样一位长辈，他给我的影响是一个榜样型的。

潘　据说陈教授在做大外科主任的时候，有一个特点，就是督促医生和学生写论文，而且您在其中起了很大的作用？

徐　那时候，我和他院里同事、学生都比较熟，帮他做的事情就像秘书一样。他那时逼着科里同事写论文，大家都是写一遍，改一遍，誊一遍，因为当时没有电脑，都是手写的。有时候他们找我公公不是很方便，稿子就送到我的科里来，说"回去带给你爸爸"。我觉得我公公在这方面的付出是毫无保留的，只要你求他改文章，他从来没有拒绝的。其实在医院的知识分子当中，有些人在学术上还是蛮保守的。没有缘由，我为什么要培养你呢？教会徒弟饿死师傅的事虽然不会发生，但总归是有影响的。但他是毫无保留的，和盘托出。学生们今天拿来的稿子，明后天他就改好给他们了。还告诉他们该怎么写，有的是要退回去重新补充材料和案例。而且，我公公还会根据稿子的特色，与不同医学杂志进行匹配，他会推荐哪个稿子投哪个杂志。

潘　您是否还记得陈教授督促这些拿手术刀的外科医生写文章的一些细节？

徐　那时候我家里的书房不大，我记得有学生来谈话，他就问学生，你这篇文章什么时候交？20号吧，他当月18号就会打电话催，到了20号他又会问，让你觉得有非常大的压力和紧张感，在当时肯定是不舒服的。我在一旁听的时候也有这种感受，催得那么急，别人一定是不舒服的。但若干年后，很多学生会过来说，再也没有像陈主任这样的人了，自己评定了职称，业务上有了拓展，都是感念他的。那个时候我作为晚辈，作为家人，听了觉得很幸福，真的是有严师出高徒的感受。他对研究生要求很严格，比如你5月底要论文答辩，你几号一定要出一稿，几号一定要出二稿，都明晰下来。因为那时候是手写，没有电脑，所以他这种工作作风也影响了我。他经常说的一句是"先紧后松，早起三光，晚起三慌"，所以他做事情一定是走在前面的。后来，我自己工作中也会这样，什么事情都要做在前面，这是我跟他无形中学到的东西，收益很大。

潘　您跟陈老的几个研究生也非常熟悉，请您从旁观者的角度来介绍一下好吗？

徐　我印象很深的有附一院前院长钱海鑫，他是我公公早期带的一名硕士研究生（和陈明斋院长一起带的研究生）。那时候我公公鼓励钱院长选择肝移植的研究方向，他做第一个肝脏移植手术时我公公到场的，亲自在一旁鼓劲，这是他对钱院长的支持。上海有名的外科医生吴孟超院士也是肝脏病学专家。钱院长的第一台手术是吴教授帮着做的，第二台也是。后来我公公跟钱海鑫说你要自己做，不能总让别人帮着你做，后来有一次他就真的自己一个人做了台手术。于是慢慢就成熟了，成为苏州有名的肝病专家。

潘　您刚才提到了吴孟超院士，请您介绍一下陈教授和吴孟超、黎介寿之间的交往情况。

徐　他和吴孟超院士有两重关系，一方面是大学同学之情，吴的爱人也是他们同学。他们夫妇到苏州来就像同学聚会一样，没有那种职务身份什么的约束，各自喊喊绰号，聊聊大学生活。我公公绰号是"小苏州"，他们之间很亲密很随意。另一方面，吴孟超已经非常有建树，创建了东方医院，我公公非常尊敬他，两人是互助的同行。我公公带研究生的时候，差不多每年都会让吴孟超来做答辩委员会主席。两个人在业务上也有很多交往，吴孟超也给了我公公很大支持。因为上海和苏州在医疗区域上还是有分隔的，另外交通也很方便，所以有的病人会从苏州到上海去找吴孟超看病。只要他一看苏州来的，就说你不用来找我，你去苏州找陈易人。虽然是玩笑话，但我看到的是他们同学之间的信任和支持。我公公回来讲的时候，也觉得很自豪，因为吴那时候在外科领域已经很厉害了。在这样的氛围中，我公公对自己的医术也很自信，所以他们之间除了同学关系还有这种业务上的互相支持。

那个时候吴孟超虽然业务很繁忙，但只要我公公找他来做论文答辩主席，他都会答应，他对我公公给予了很大支持。

大概是2000年前后，有一次苏州大学附属第一医院请吴孟超教授来苏州会诊开刀。好像是一个比较重要的病人，某省部级的一位领导。这里面有个小插曲，那时候我公公已经退居二线了。医院去请吴孟超教授，吴一看是苏州大学附属第一医院的会诊需求，他就说："怎么没有通过陈教授来找我啊？"言外之意，苏州是陈的地盘，要尊重一下老同学。虽然这不是什么山头主义，但可见吴孟超非常尊重我公公。医院人员返回来把这个情况告诉了我公公。最后，还是我公公亲自打电话给吴孟超请他来，他才同意过来。那次吴孟超来开刀，是带了他太太一起来的，等于是同学碰头会。我公公陪着吴孟超给那位患者开刀，我陪着他太太逛苏州。晚上走的时候，我公公非常细心，因为是秋天，他特意让我准备了一些苏州特产鸡头米等送给他们，最后设宴欢送。他们同学之间的情谊很深，在业务上互相勉励，共同支持。虽然两人不常见面，但心里彼此都有对方，每年春节都会打个电话问候一下对方。

与吴孟超教授相比，黎介寿院士就接触得更多了。黎介寿是胃肠外科方面的，是公认的小肠专家，我公公也是脾胃这方面的专家。而且两个人都在江苏省内，所以彼此接触更多一些。黎介寿院士的研究生毕业论文答辩基本上都是请我公公做答辩委员会主任。而且他们私交也很好，每次我公公到南京去开会，黎介寿都会陪他在宾馆住，彼此交流医疗业务，有时唠唠家常。

我公公曾经当过两届江苏省医学会外科委员会主任委员，他说是黎介寿教授客气谦让。黎介寿是南京军区总医院的，后来当选为院士，也是省内的一流专家。他们之间的关系很密切，黎教授还邀请我公公去军区总医院参加过会诊。

潘 您和陈教授的学生们也很熟悉，有的还是您的同事，请介绍一下他们和陈教授学习的一些细节。

徐 李德春主任现在是我们医院的"一把刀"，也是教授，带博士生了。他有个外号叫"小陈易人"，可见他在学术上的地位。他在读苏州医学院之前当过小学老师，所以在写论文方面，李德春主任没有被老师逼过，是一位按时完成作业的好学生，很用功的。我曾经听我公公评价李德春，有一句话是：医生看病不是好医生，看病人才是好医生。针对病本身进行诊断和治疗只是看病，但是一个病在病人身上需要综合衡量和判断，每个人是有差异的，每个人身体情况是不一样的，这一点李德春做得非常好。比如患者有胃上的毛病，他不仅只考虑胃的问题，还会考虑其他方面。再比如李德春会做一些内科治疗，他能从整体上来处理一个病人，这一点是我公公非常赞赏的。可以说，李德春是他所有学生中做得最好的。我开始也不太理解看病和看病人的区别，等我做了几十年医疗工作后，才终于明白了。这一点是外科医生比内科医生普遍欠缺的，因此外科医生意识到这一点是非常有必要的。我也在想我公公之所以比较出类拔萃，他的这种行医理念对他是有帮助的。西医也绝不是"头痛医头，脚痛医脚"，不是切个肠子、切个胃、切个乳房那么简单，而是要从整体出发判断病况。我觉得，陈易人教授的这种医学理念传达得最好的对象就是李德春了。

潘 我听说陈老后来生病，就是请李德春教授亲自主刀的。

徐 是的。陈教授开刀医院是很重视的，专门组织了一个医疗小组，准备请上海医科大学的教授来开刀。陈教授第一反应就是拒绝，他要自己的学生来开。而且开始医院给他安排的是1200元一晚的高级病房，他说他要在自己的病区——第六病区普通病房住院。他认为六病区是自己的家，所以住了两天高级病房就转到了六区的病房。因为所有的医生护士就像他的孩子们似的，他非常信任，他把自己的生命交给他们才放心。两位弟子李德春和汪良都非常重视，特意到家里来跟他讨论手术方案。陈教授说，如果我自己都不信任我的学生，我怎么让别人信任我的学生呢？医院方面刚开始都觉得不能理解，我扪心自问，如果是我，可能也会请上海专家来开刀。这一点我真的很佩服我公公，因为生命不是开玩笑的，但他就是信任自己的弟子们。

潘 其他几位学生的情况，您也介绍一下。

徐 曹苇比汪健早，目前在苏州大学附属第二医院工作；曹苇人很聪明，文章也写得好。每个学生的特点不一样，性格和个性也不一样，陈教授就根据每个人的特点带教辅导。张一心也是很不错的，他博士毕业以后回到了南通。当时正赶上人才大流动，他有点动心想去上海发展，当时面试都通过了，特意回来征求导师意见。他为这事专门来我家两次跟我公公谈，最后决定还是留在南通发展。后来果然事业发展很顺利，现在是南京肿瘤医院的院长，也刚刚退休。

潘 有位学生叫管洪根，据说陈老当年逼着他练字？

徐 是的，有这么一回事。管洪根可惜已经患病去世了。他人很聪明，但不够勤奋。

我公公觉得他作为一个博士生，字写得太难看了。于是对他说你字练不好，不要做我的学生。我觉得我公公是很注重学生的综合素质的，他要求管洪根回去练字，一周给他看一次。他那时候文章交得也不准时，在我家被我公公骂得不行，出来的时候跟人打招呼都不好意思。后来博士毕业，管洪根还是很有雄心壮志想做出一番事业的，但是后来得了肝癌就不行了，非常遗憾。很多学生对陈教授说，亏得那时候你逼了我，才让我事业上了一个台阶。

潘　现实中确实是这样，有的导师就是不管学生，放任自流，结果截然不同。有的学生跟了导师几年，觉得没有学到什么东西。

徐　上个月我公公去换导尿管，因为他对学生们要求很严格嘛，所以我还担心人老了别人对他态度不好。结果，每个学生都很尊重老先生。有个细节让我很难忘，我公公去换导尿管，李德春主任亲自弯下腰为我公公穿鞋，让我非常感动。李德春说我的学生看到我对陈老的尊重，也会明白的，等于把这份尊师之礼传承给了下一代弟子，也是以身示范。李德春主任今年六十几岁，也是当爷爷的人了，真不容易，让人敬佩。

潘　关于陈教授在大外科的科室建设方面，您有哪些补充的细节？

徐　我想到这样一个细节：我公公在担任科主任的时候，他满脑子都是科里的事。他有个习惯，半夜里思考想到什么，就会立即起来拿起床边的笔写下来，生怕第二天早上起来忘掉。

还有一点，我公公科室的发展，也得益于善于抓住机会。当年与日本交流就是一个例子。当时医院脑外科的杜子威教授，就和名古屋的青木春夫有学术交流，青木到苏州来，我公公得以结识，就开展了外科的合作和交流。杜子威是日本华侨，也是一位脑外科专家。改革开放初他到日本去了，后来带了脑外科仪器和书回来，促进了我们医院脑外科的发展。

青木春夫到苏州来参观，我公公不过是一个陪同者，例行公事。一般有人来医院参观，别人最多陪一会就结束了。他却抓住机会，而且热情真诚，与青木一下子就建立起友好关系。后来，医院普外科就不断选派年轻医生到日本学习，如钱海鑫、高敏、吕光成等。一个城市医院的普通外科有规划地选派人员出去学习，在上世纪80年代是非常不容易的。这不是靠政府组织，完全是自己联系。这么多的医生被选派到日本学习交流，一下子就提升了医院外科的医疗水平。

我公公是个有心人，不放过机遇。他的触角特别灵敏，对学术很看重，而且有前瞻性的眼光，这种前瞻性的眼光是由个人特质决定的。

潘 上世纪80年代，这在一个地区城市医院是十分难得的。另外，我听说陈教授在对待病人方面也是平等的。

徐 是的，他开刀不管对什么人都一视同仁。他经常在家里的饭桌上说，手术布一铺，所有的病人对他来说都是一样的，再大的官，他都没有压力，没有因为他们的身份影响到他的医术发挥。他说在手术的时候，不要因为他是有钱人或者领导，本来该缝两针你就给他多缝一针，严格按照规定，该怎么做就怎么做，这样才会最大限度地保证手术的成功。有的人因为是领导的因素，在操作上反而弄巧成拙、画蛇添足，事与愿违。医疗手术必须严格按照科学的要求去做。他给一些重要领导开刀，因为心理素质好，所以都是成功的。他说："我才不管你是市长不市长，手术布一铺，对谁都一样。"这是他经常说起的，尊重科学，尊重病人。

附录

陈易人：妙手仁心
（纪录片脚本）

【解说】

在苏州古城一个普通的居民小区里，住着一位满头银发、精神矍铄的老人，他叫陈易人，今年已95岁高龄，是当年享誉沪宁一线的外科专家，曾被患者冠以"陈半仙"的称号。如今，陈易人虽已封刀多年，但谈吐间仍能感受到他当年在手术台上的风采。

【同期声】

苏州大学附属第一医院博士生导师，大外科原主任，江苏省医学会普外科学会原主委陈易人教授：

开刀开得好，我就喜欢，我拿开刀做标准，按理是不对的，不能这么讲。（但）你开刀开得好我就喜欢你，你开不好刀，我不喜欢你。不管你吹牛拍马，我都不喜欢你，你外科医生最要紧的是刀要开得好，开刀还要胆子大，有的刀不是你不会开，而是你不敢开，你敢开了，解决问题了。

【解说】

1925年，陈易人出生在苏州阊门内一个手工业主家庭，父亲是一名皮匠。他八岁时父亲忽然病故，殷实的家道一下子中落。后来陈易人随母亲转到上海求学。当时家境困难，他报考了不收学费的上海德文医学堂，也就是后来赫赫有名的同济医学院。入学考试面试，德国考官出的一道游泳题让陈易人至今印象深刻。

【同期声】

陈易人：问我游泳方面的问题，前面两个都没过堂，我说先向上，再向下，那个水在流啊，跟着水流的速度，先向上再向下，德国人马上说可以……

【解说】

德国人办的同济医学院给陈易人留下的深刻印象是"三严",即严格的管理制度、严谨的教学态度和严厉的课堂秩序。

【同期声】

陈易人:德国人教学蛮凶的,他(们)手里拿根棍子的,有时候我们调皮,稍微讲两句话,啪,就敲一记,老远棍子就来了,他(们)拿个棍子敲的,我们学校(管得)蛮凶的,因为那时候吃、住都不要钱。

【解说】

就是这所德国人开办的医学院,孕育了中国最早的一批外科精英,后来有"中国外科之父"之称的裘法祖院士,是陈易人当时最喜欢的老师。

【同期声】

陈易人:裘法祖漂亮,裘法祖第一次进课堂,穿上白皮鞋,我们讲他从德国回来的,裘法祖一口德语好得不得了。

【解说】

另外,如今在国内外享有盛誉的吴孟超院士也是陈易人当年的同班同学。多年来,两人一直延续着深厚的情谊。

【同期声】

苏州大学附属第一医院医生徐苏丹(陈易人教授的儿媳):

他们是大学同学,而且吴孟超的爱人也是他们的同学,所以他们夫妻两个过来等于他们同学聚会一样的,所以他们一起就很热络,谈谈大学时候的事情,各自喊喊绰号,我公公的绰号"小苏州"……就很亲密、很随意。

【解说】

毕业后,陈易人回到了苏州。看到社会上对西医越来越认可,于是他和朋友合作,在观前街西的察院场开办了一个西医诊所:霓虹灯、大冰箱、门口的黄包车,都是人和诊所的招牌。陈易人也是初出茅庐,边实践边学习,有时接到出诊电话,他甚至还在翻书找诊疗方法。

【同期声】

陈易人教授夫人金珍元:

以前我们家里生病不到医院去的,苏州当时没什么医院的,就一个博习医院,都是把医生请到家里来的,所以好多医生都是认识的。

【解说】

对于陈易人来说，开诊所的最大收获就是，他结识了如今的太太金珍元。

【同期声】

金珍元：当时我跟他在一起，走在街上，人家都来看他，都来打听他。

【解说】

公私合营后，陈易人关闭了诊所，加入到公办医院的行列里来。他先后在苏州市康复医院、南通医学院、苏州医学院附属第二医院、苏州医学院附属第一医院从事医疗工作。上世纪50年代，陈易人参加了昆山、太仓等地的医疗巡回救助工作。在当年血吸虫病泛滥的昆山，他做了1000多例脾脏手术，挽救了水网地区很多农民的生命。

【同期声】

陈易人：我开（刀）脾脏的确是专家，有的脾脏好大，比一个人头还大，挖出来，这个血管你一弄破，马上死在手术台上。所以我有一套办法的。手捏住，拔出来一剪，我开脾脏的本领大得不得了。小脾脏不稀奇，主要是大脾脏。

【解说】

"文革"期间，陈易人在苏北响水县下放，当时的响水县生活条件十分艰苦，医疗条件和医疗水平也相对落后。

【同期声】

陈易人：没有完全符合要求的，因为没有火烧，也没有消毒，就在冰冰的冷水里洗（敷料），都是我们自己洗的。

【解说】

陈易人充分发挥外科医生开刀做手术的专长，在当地治病救人，响水也成了年轻的陈易人大显身手的舞台。

【同期声】

陈易人：我当天晚上到六套乡去会诊，我印象很深。接下来有一个女病人忽然来了，这个病人要剖腹产，宫外孕，下面大量出血。我知道这个病人要开刀的，可我不是妇产科医生，我就讲这个人不开刀会死的，他们说你开，后来我开好了。开完了第二天回来，唐队长批评我，我说我在这里不是玩，我在这里开了一晚上刀，不信你问去，后来他们打电话，知道了。

【解说】

回到苏州后,在老院长陈明斋的鼓励下,陈易人大量阅读医学杂志,了解国内外先进医学理论,迅速成长为一名医术精湛的骨干医生。

【解说】

陈易人不光胆大心细,而且果敢坚毅。后来,陈易人担任普外科、大外科主任后,科里的疑难手术都是他亲自拍板。有时候到外地会诊,别的医生不敢决策的手术,他认真研究病情、翻阅病史,在做到心中有数后,往往大胆地决定开刀,手术基本上都取得了成功。

【同期声】

陈易人:怎么会有这个胆量的?这个病人现在有病,你不去处理它,这个病有变化,有的时候越病越厉害,病人要死掉,我去帮他处理,处理得不好当然不行。

【解说】

陈易人在担任苏州医学院附属第一医院普外科主任后,抓住一切机会与日本、美国和国内同行进行交流。在省内,他经常与南京军区总医院的黎介寿院士等专家开展学术交流,这些都极大地促进了苏医普外科水平的提升。此外,他还引进了日本名古屋大学青木春夫教授的门脉高压分流和断流手术等技术,在国内较早地开展了这方面的探索。

【同期声】

徐苏丹:黎介寿所有的(学生)答辩,大概都是我公公做答辩委员会主任,以前每年都要去的。每次去两个人都要(在)宾馆住在一起,聊聊家常,说说心里话。

【解说】

陈易人授业育人,最明显的特点就是"严"字当头。他对学生的要求就是要出理论成果,换言之,医生除了会做手术,还要会写论文。很多医生都有被逼着写论文的经历。因为有的外科医生拿惯了手术刀,在动笔方面可能是弱项。陈易人亲自布置题目,按时催稿,不厌其烦地帮学生改稿。遇到高质量的文章,还亲自推荐到相应的学术杂志上去发表。

【同期声】

苏州大学附属第一医院普外科主任李德春(陈易人学生):

陈教授有他的个性,他感觉到你是可塑之才的,或者他看得上的,他就给你任务。他有时候就会催:"哎,你这篇文章,什么时候要拿出来的。"那你就赶紧要交出来,如果你拿不出来,他要发火的。你弄好以后,他就跟你讲怎么改怎么改,这个是很有要求的,他确实是以身作则的。

【解说】

陈易人先后培养了博士生8名,硕士生11人,以及2名日本留学生。有不少弟子在脾外科系列研究和外科感染细胞因子研究方面取得了较为突出的成果,有的已成为江浙沪地区医院有名望的、手术高超的普外科专家。

【同期声】

苏州大学附属儿童医院院长汪健(陈易人学生):

他是江苏普外科的组委,当时在省内有很高声誉,后来随他一起读了研究生。实际上,平时在临床上遇到问题也会请他来会诊,不管是白天还是黑夜都会来会诊,帮我们出主意。因为外科实际上大同小异,成人跟儿童,他很有经验。这么多年我们跟他一起工作学习中也有这样的体会,感觉他就是个"救火队长",苏州好多医院如果有什么问题都要请他出场,他有的时候就是个"救火队长"。

【解说】

被学生称为"救火队长"的陈易人讲原则,恪守本分。早年在附一院做普通医生时,有一名来自英国的重要外宾,到苏州后突发急性阑尾炎。当时情况紧急,病人痛得在床上直打滚,送上海治疗又怕路上出现危险。当时苏州市政府外办的一位负责人向苏州医学院附属第一医院求助,想让陈易人在病人入住的宾馆里进行手术。

【同期声】

陈易人:我说没有在饭店里开刀的,我不开,要开回医院去,医院虽然条件不好,但是还是医院安全。那时候被我卡住了,他说好,到医院去开刀,那个外办负责人后来听我的。

【解说】

陈易人医术精湛,心系患者,因此曾被患者冠以"陈大仙"的称号。苏州东山有位黄老师,患有缺血性坏死性小肠炎,虽然之前治疗了几次,但病情依旧出现了恶化。无奈之下,黄老师的女儿哭着找到陈易人,求这位"陈大仙"救救她的爸爸。

【同期声】

东山老师黄永年：

当时第一次手术不是陈老开的，第一次手术是吴县医院的一位年轻的医生开的，他是刚从上海进修回来。开了之后，后来出现了很多状况，接下来是衰竭性肺炎、胃大出血、肠瘘……

【同期声】

徐苏丹：我公公去会诊的时候其实已经是病重、病危了。完了就决定第二次手术，其实对病人来讲已经是第三次手术了，因为有专门的救治小组，所以我公公的每个用药、护理（以及）病人吃什么都非常注意，经过一段时间的治疗，终于把这个病人给救回来了。

【解说】

熟悉陈易人的都知道，对待治疗，陈教授特别认真。他特别重视围手术期的护理，因为他觉得手术台上只是成功了一半，还有一半就是术前的准备和术后的护理。

【同期声】

李德春：因为一开始的时候，对围手术期大家也不是很重视，就是你开刀之前，开刀之后，尤其是开刀前。当时在国内这是一个薄弱环节，并没有引起重视，有的时候手术很成功，但有的时候毕竟会有一些并发症，尤其是手术之前评估病人极其重要，所以我们陈主任牵头编了一本围手术期护理的书，确实起到了一些引领的作用，当然，后来这方面的资料就多了。

【解说】

陈易人查房有个特点，就是不走过场。手术后，有些病人有各种引流的管子，流出的都是污秽的液体，他检查起来都是亲力亲为。

【同期声】

徐苏丹：我记得他有一次就说，发现一个病人怎么不好，下面的医生都汇报过了，他想问题出在哪里呢？他就去把引流管的血、分泌物，用手指蘸一下，闻了一下，就发现了症结。这个细节给我的印象蛮深的，因为你知道病人排泄物分泌物其实是很脏的，无论是从医学角度还是老百姓角度（讲）都是很脏的，他好像没有那种感觉，他把所有的一切都当作是行医应当做的事。

【解说】

陈易人一生简朴。他最大的乐趣可能就是在手术前后吃上一碗双浇面。因为外科手术有时长达几个小时甚至十几个小时，很难准点吃上饭。因此陈易人养成了一个习惯，手术前吃上满满一大碗双浇面，以支撑长时间的手术工作。

【同期声】

陈易人：今天要开刀了，我就到对面的朱鸿兴，在现在的那个朱鸿兴的对角，吃一大碗面，一块鱼、一块肉，吃饱了肚子开（刀）起来有劲。

【同期声】

汪健：他最最喜欢吃面，有时候手术过程中很紧张，结束了以后，他就会吃碗面，有时候在家里的时候，我们问他，他早晨的时候也喜欢吃面。所以老先生对生活没有很高要求，对病人、对学术却是孜孜不倦，认真负责的。

【解说】

妙手回春的背后，往往是医者仁心。陈易人教授退休后，曾经在苏州市市立医院担任外科顾问，帮助提升医疗水平和学科建设。陈易人秉持公道，关心患者权益，退休后的他还担任过苏州市医疗事故鉴定组的负责人。后来，苏州卫生系统的医德讲座，也经常请陈老去上课。

【同期声】

（陈易人被苏州电视台采访的视频）

【解说】

85岁时做完最后一台手术，陈易人才恋恋不舍地正式告别了工作了60多年的外科手术台。虽然离开了手术台，但他一生秉持的从医理念却在学生身上得到了传承。

【同期声】

李德春：(他说)我告诉你们，你们要学会"三会"：会做，你是医生首先会看病，你是外科医生首先要会开刀，你能够医治别人，做不到这一点你不是一个好的医生；第二个，你要会说，要把自己的经验和体会讲授给人家听；第三，就是你要会写。所以他说会说、会写，还要会做。首先你要会做，如果你不会做，那你这个（就是）不称职。

【解说】

2014年，90岁的陈易人时常觉得胃不舒服，到了医院一查是胃癌。医院领导得知这一消息后非常重视，要安排陈易人接受最好的医护治疗。陈易人说不用，他不住高干病房,也不用外请上海专家,就在本院普通病房,他工作了一辈子的地方,请他自己的学生动手术。

【同期声】

　　李德春:他开这个刀由于年纪大,他的愈合能力差,这个缝合伤口面积也比较大。然后我就想怎么处理呢?我就在皮下腹白线那个地方,里面做了一个内紧张缝合,同样达到这个效果,但是外面就看不到了。从这以后,对于一些年纪大的,我们也采用这种办法。

【解说】

　　莫道桑榆晚,为霞尚满天。回望过去95年的人生之路,陈易人自己总结有"三乐":一是助人为乐,救死扶伤;二是知足常乐,对物质要求不高;三是自得其乐,一家人其乐融融地生活在一起,简单、平淡便已知足。

　　正是陈易人这样达观的生活态度和精湛的医学造诣,不仅给自己带来幸福,也为无数患者送去福音。

陈易人教授年表

个人简历：

1925年1月	出生于苏州
1937年8月	随母亲迁居上海，就读于苏州中学上海校
1942—1949年	上海同济医学院（德国人开办）学习
1949—1952年	苏州人和诊所（私立）　住院医生　苏州
1952—1956年	江苏省第一康复医院　主治医生　苏州
1956—1957年	南通医学院附属医院　主治医生　南通
1957—1977年	苏州医学院附属第一医院　讲师　苏州
1978—1982年	苏州医学院附属第一医院　副教授　苏州
1982—2000年	苏州医学院附属第一医院　教授　苏州
2001年至今	退休

历任学术职务：

1988—1992年	中华医学会外科学术委员会会员（第10届）
1990—1994年	江苏医学会常务理事（第5届）
1984—1994年	江苏医学会外科学会主任委员
1995—2004年	江苏医学会外科学会名誉主任委员
1996—2001年	中华医学会胃肠外科学组成员
1994—2004年	中华医学会脾外科学组成员
1996—2002年	中国科学基金会生命科学组评委
1992—1996年	中国抗癌协会成员

曾任杂志编委：

1988—1994年	《中华实验外科杂志》副主编	
1981—2001年	《中国实用外科杂志》编委	
1989—2001年	《中华普通外科杂志》编委	
1995—1998年	《中国普外基础与临床杂志》编委	
1985—2003年	《医师进修杂志》编委	
1993—2004年	《肝胆外科杂志》编委 顾问	
1996—2000年	《中华胃肠外科杂志》编委	
1996—2004年	《外科基础与临床杂志》编委 顾问	
1998—2004年	《中国普外进展杂志》编委	
1970—2001年	《苏州医学院学报》编委	

出版书籍：

1982年	《外科学》	编写者	江苏科技出版社
1989年	《临床医护技术操作》	副主编	人民卫生出版社
1990年	《腹部急症学》	编写者	人民卫生出版社
1990年	《外科围手术期处理》	主　编	江苏科技出版社
2002年	《门脉高压症外科学》	编写者	人民卫生出版社

曾获荣誉：

1992年	享受国务院政府特殊津贴专家	
1993年	核工业部科技进步二等奖	（多脏器功能衰竭的实验研究）
1994年	核工业部科技进步三等奖	（特发性血小板减少性紫癜的研究）
1994年	核工业部科技进步三等奖	（Aoki断流术治疗门脉高压症）
1995年	江苏省科技进步四等奖	（脾切后感染和栓塞）
1996年	江苏省教学进步三等奖	（重度感染肝损伤时TNF的变化）
1999年	获得"苏州名医"称号	
2000年	苏州市新技术一等奖	（临床肝脏移植）

血液病的脾切除治疗

苏州医学院附属第一医院　陈易人

自从1887年Spencer Wells采用脾切除术治疗遗传性球形红细胞增多症后，血液病的手术治疗得到开展，随着人们对脾脏的生理和病理生理进一步认识，重视了有关血液病的基础理论，改变了过去外科医生的单纯手术操作观念，然而血液病病种众多，病因和发病机制复杂，有的至今不明，目前对手术指征和手术疗效，尚欠定论，很多问题还有待商榷和深入探讨，在内外科的共同协作下，今后必有所提高和发展。

一、手术适应证和疗效基本明确的

（一）遗传性球形红细胞增多症：是一种常染色体显性遗传性红细胞缺陷性疾病，其红细胞膜结构异常，直径大，不易变形弯曲，在脾内受阻，不能通过脾窦基底膜的小窦隙。其主要特征是血中球形红细胞增多和红细胞渗透性增加。临床上出现严重贫血，儿童期手术的疗效最显著，对改善红细胞有作用，手术死亡率极低。该病并发胆石病的机会较多（甚至达85%），因此成人期即使轻型亦建议手术治疗。有提到>15岁患者，术中要探查胆囊，必要时同时切除。<6岁的幼儿及儿童不宜手术、以减少并发凶险性感染。

（二）自身免疫性溶血性贫血（AIHA）：按抗体免疫性的差异，临来上分为温型抗体溶血性贫血、冷凝集素综合征和阵发性冷性血红蛋白尿。Schwartz认为脾切除对温型有效，即使不加选择地施行手术，有效率仍达50%~70%。引起AIHA的温抗体主要是IgG，其致敏的红细胞通常在脾脏内被破坏，脾切既可减少抗体产生又去除了破坏红细胞的主要场所。Eysteer报告Coomb's试验阴性或抗体为IgG者，脾切疗效较好。一般激素治疗无效，不能用激素或需较大维持量者均适应手术。我们有13例，术后平均血红蛋白增加33.2%，血小板增加89.6%，症状都改善，随后结果亦颇满意。如术前用^{51}Cr标记红细胞，了解红细胞存活期和脾脏滞留情况，对预测疗效有价值，脾与肝滞留比例>（2~3）:1，则疗效佳。

（三）原发性血小板减少性紫癜（ITP）：常见的属慢性型，多发于成人，很少自愈，病死率6.8%，激素缓解率<50%，<16岁发病者的预后良好。多数作者认为手术反应较佳且持久，无须激素再治疗。目前治疗意见是，起初6周~2月接受激素治疗，如无效、停药后复发或忌用激素者可早期手术，如疑有颅内出血应紧急手术。血小板太少者，术中切脾后采用血小板填塞物（Platelet packs），术后血小板不升，可输注血小板。我组26例术后血小板从5.7万上升到18.4万，症状都获控制，有4例疗效差，是否与产生抗体和破坏血小板部位不全在脾脏，或者副脾未找到、未切除有关，难以说清。

二、手术疗效未定的

（一）慢性粒细胞性白血病（CML）：CML的早期脾切除问题已备受重视，由于药物或放疗对该病的缓解率低，多数病例死于急变。有认为脾脏是新细胞群株产生的有利场所，细胞群株的播散可导致急变，故早期切脾有推迟急变的开始和延缓慢性阶段的希望。Wolr等认为，早期手术是否能延长慢粒患者的生存期还是不明确的。其手术指征大体是：（1）脾脏肿大但凝血机制正常，血小板数在20万以下；（2）脾肿大伴有出血，血栓引起的脾梗塞和脾周围炎等。我组11例分别在诊断后3年内进行手术，随访9例，有3例已死亡，其余有复发感染和出血，效果不满意。武汉曾报告10例，其近期效果尚佳。有人提出，确诊2年内施行脾切除术，缓解较理想。Ihde等认为脾切对CML无直接影响，只是减轻疾病的某些并发症，减少输血需要或增加病人对化疗的耐受性而已。

（二）地中海贫血综合征：脾切除不仅可减少因脾亢所致的血细胞破坏，且可减轻血管外溶血，使贫血得到改善，同时因减少对输血的需要而保持体内铁平衡。广东、天津等已有较多经验，尤其血红蛋白H病（HbH），其术后近远期观察，疗效都优于血红蛋白E复合β地中海贫血（HbE-β），儿童期手术后发育正常。有人认为，如每年输血量>250mL/kg，就应做脾切除术。但不是所有地中海贫血的手术效果都好,需要继续深入研究。

(三) 再生障碍性贫血(AA):日本曾报道该病手术有效率为59.5%,然死亡率亦高达33.3%。兰宽才等报告脾切有效率更高,并认为经内科长期治疗效果不佳,虽无明显出血但输血量较大者,以及出血严重、各种治疗无法控制者可考虑手术。李荫山等报告82例近远期有效率分别为67%及79.6%。我们仅有26例,随访21例,有7例死亡,余者复查术后血红蛋白与血小板数,变化不大,全身情况及出血症状有改善,我们认为应审慎对待手术,必须严格掌握适应证,更重要的是手术时机选择,急性期除非有严重出血,否则列为禁忌。

三、罕见疾患及常有争议的

(一) 血栓性出血性紫癜(TTP):可用肝素、换血和激素等治疗。激素+脾切除可获最高有效率。文献曾报道该病350例,44例仍存活,随访发现65%系用激素+脾切除治疗的。Schwartz在1978年前曾对13例,在大量激素治疗的同时,行急症手术,5例术后1月内死亡,1例一年后复发死亡,尚有7例保持良好。Peferson、Rutkow、Salky等亦认为虽非手术治疗有效,有时急症手术也属必要。

(二) 骨髓纤维化:是一种骨髓增殖性疾病,以红细胞、粒细胞等系列的异常增生,不同程度的骨髓纤维组织增生和肝脾的髓外化生为特征。病因不明,似与真性红细胞增多、慢粒和特发性血小板增多症等紧密有关。临床上有脾肿大,平均1700g,最大可达5kg,偶有门静脉高压,常发生脾梗塞和脾区疼痛,3/4病例肝亦肿大。在脾脏极度肿大、脾梗塞引起持久性脾区疼痛以及脾亢现象严重或伴有感染者可以考虑脾切除治疗。多数认为手术效果不理想,死亡率高,术后易发生肠系膜上静脉、门静脉栓塞,这类病人因无骨髓贮存,不能耐受并发症,因此必须慎重考虑。然Cabot有19例,其中12例平均生存18.3月。Wilson氏综合分析Peter Bent Brigham医院50例,仅1例死于术后出血,并发症不多。辽宁最近报道1例,脾重8750g,术后食管静脉曲张消失,且恢复一般劳动,但作者也认为只是治标作用。

(三) Feltyrs综合征:该病同时伴有类风湿性关节炎、脾肿大及粒细胞减少症,稍有贫血及血小板减少,经常胃酸缺乏。可用激素治疗,脾切除可改善粒细胞减少现象,效果持久且佳。据报道,术后24小时白细胞总数即显著上升,对感染的抵抗力增加,但不能改善关节疼痛。Coon曾对手术与非手术各20例进行对照研究，肯定了脾切的治疗作用，脾切组中13例白细胞迅速上升，没有发生感染。

（四）高雪氏病：为家族性疾病，是由于酸性β-葡萄糖苷酶活性缺乏导致网状内皮细胞葡萄糖神经酰进行性累积，发生继发性脾亢及脾肿大、肝肿大和淋巴结肿大。常发生于儿童期，45%～75%的患者头部、四肢有棕黄色色素沉着，久病后有骨痛及病理性骨折。脾切除可纠正血液方面改变，但不能影响该病的基本病变。Matoth氏报告16例发现脾切除有纠正血小板减少的作用。

（五）类肉瘤：好发于青年人，有发热、夜间出汗、咳嗽、全身淋巴结肿大、溶血性贫血、粒细胞减少等表现，偶有自发性脾破裂，半数有皮肤疾患，1/4的患者肝脾肿大，20%的患者肝肿伴脾亢尤其是血小板减少。无特殊治疗方法，多数可自愈，脾切可改善脾亢。Webb治疗37例，Coon治疗8例，均见初效。

（六）恶性淋巴瘤：有人认为脾切对疑有该病的可做出确诊且可行分级治疗，尤其何杰金氏病，同时也解除脾亢及脾肿大。术中要求不仅探查肝脾，还应对邻近的淋巴包括腹腔动脉周围、主动脉旁及肠系膜淋巴结进行检查，可以切断屈氏韧带，寻找胸12～腰1区域和肝十二指肠韧带淋巴结，并切除脾脏。做连续切片，正确分级，决定合适的治疗方案。术中最好在卵巢旁子宫后方安置银夹做标志，以利今后放疗。Stanford大学医学中心曾为825例施行手术，纠正了原来的治疗分级达43.2%。这意见可供我们今后参考。

本论文发表于《医师进修杂志》1987年第9期

青木春夫式断流术

苏州医学院附属第一医院　陈易人

我科沿用日本青木春夫（Aoki）提出的阻断门奇血流手术（原名脾切除及黏膜保存胃离断直达手术）治疗门静脉高压伴食管静脉曲张和/或曲张静脉出血，已近10年，1984年本刊曾作初步报告[1]。兹结合我们与青木外科于1986年11月在大阪举行的日本临床外科学会上共同发表的165例临床资料，对该术式做进一步介绍并谈几点体会。

一、该术式的理论依据和目的

门静脉高压伴食管静脉曲张的发病机理，一向认为是肝内、外静脉系统流出道血管阻力增加所致。众所周知，脾切除可使门脉压下降，尤其巨脾切除可下降近0.98 kPa（$10 \text{ cmH}_2\text{O}$），这说明经脾动脉流入门静脉系的血液增加与门脉压增高有关。以往对此流入血量增多因素考虑不多，部分日本学者根据实验研究发现，胃左动、静脉之间小分支扩大开放（A-V Shunt）可使胃左动脉血流过多地流向门静脉系统，造成胃贲门附近的局部性门静脉高压状态而引起食管胃底部静脉曲张。临床实践中也观察到有两种类型的胃左静脉（胃冠状静脉）血流状况，其中之一与A-V Shunt关系密切，实际例数不少[2]，本手术即在此基础上提出，要求达到：

1. 切除肿大的脾脏，改善脾机能亢进。

2. 切除大部分小网膜组织（肝H韧带）以消除A-V Shunt造成的局部性门脉高压状态。

3. 结扎切断所有食管胃贲门周围血管，以阻断管壁外的门奇侧支循环（含高位食管支、胃后静脉等)。

4. 结扎底部黏膜下血管,以减少胃壁内反常血流。

5. 辅以食管胃折叠术、迷走神经干切断术和幽门成形术,借以防止反流性食管炎、一时性吞咽障碍、缝合不全或血供不良引起的胃泄漏以及继发性消化性溃疡病等并发症。

二、适应证及禁忌证

1. 门静脉高压伴食管静脉曲张和/或出血。

2. 脾切除或分流术(脾肾、肠腔)后食管曲张静脉破裂出血。

3. 一般断流术(指单纯胃冠状静脉结扎、切开胃贲门部黏膜下曲张静脉缝扎)后食管静脉破裂出血。

4. 上述三种情况,如肝功能符合Child A或B级者,不论择期或急症施行手术都可以,如属Child C级,务须做适当的术前准备(如气囊压迫止血),以改善全身条件,使急症转为择期是上策。

5. 有黄疸应列为禁忌。重度腹水宜积极消退后再考虑手术,中轻度腹水亦要审慎对待。

三、操作细则

1. 麻醉与切口　多数采用连续硬膜外麻醉。急症、出血量大及全身情况差者,以全麻为宜(青木外科均用全麻)。几乎全部用:上腹旁正中切口,下缘近脐孔或略超过。个别采用L形、肋缘下(斜或横)切口,均不开胸。

2. 探查、测压和造影　进腹后先了解肝脏的大小及硬变程度,脾脏的位置及有无粘连和其性质:膜状、索条状、血管性和个别血吸虫病的胼胝状。粘连或剥离时如过多渗血,常不易完成本术式。门脉压测定可经脾穿刺肠系膜静脉小支或胃网膜右静脉,我们常用后者的属支。有条件者可造影,以窥察胃左血管及食管贲门部的侧支变化,一般经上述后两者径路,插入细导管即可。造影虽费时费钱,但对临床确有指导意义和科研价值。

3. 脾切除　常规游离脾四周韧带。如脾动脉位置浅表、易剥离或脾周粘连,则可先双重结扎脾动脉。我们大多不限结扎脾动脉,如因经验少,结扎不妥引起意外出血,常影响操作,干扰情绪。脾蒂动静脉争取稍予剥离,分别双重或贯穿结扎,设法避开胰尾。"大块结扎"(含血管、膜尾及附近组织)易导致术后腹腔内出血、持续发热及渗液多等并发症。粘连分离后脾窝渗血以缝扎为宜。

4. 血行阻断顺序

(1) 胃贲门周围血管离断 从胃左右网膜血管交界处开始,切断结扎胃大弯侧近端所有网膜上血管(含网膜右血管)及与胃底部相连的胃膈韧带。再将从胃小弯侧胃左动静脉起始,向近端胃壁供应的所有血管切断结扎,逐步到达食管胃交界处。循序渐进,看清每一小支,逐个处理,切勿贪多求快,要求不损伤血管。有时血管颇粗且壁薄曲张,一旦刺破出血,极为被动。

(2) 消除胃左动静脉分流(A-V Shunt)区域 从食管胃交界处环向肝左叶边缘,切除包括已分离的胃左血管在内的大部分小网膜(肝胃韧带),切端逐一妥善结扎。如遇到血吸虫病肝硬变者,该韧带增厚变硬,个别如若肉芽肿样,当钳夹切断后,其断端必须用较粗丝线缝扎,普通结扎极易滑脱引起出血。

(3) 下段食管周围血管离断 在食管胃交界处前壁,常有小片脂肪组织覆盖,内含几支细小血管,均需切断结扎。推开覆盖组织,就可找到迷走神经前干,即切断结扎。然后从食管左或右侧开始,逐渐向上分离1~2cm,找到迷走神经后干和胃后静脉,分别切断结扎。注意胃后静脉的变异,有的不止一支,我们曾遇到一支粗如铅笔杆(6~7mm)。再环状切开食管裂孔,提起该处已有松动感之食管,容易向腹内牵拉,乘机向上继续分离,操作可在食管左、右、前、后往复进行,直至剥到食管下段7cm左右(原文可达10cm),所有异常侧支包括高位食管支在内,无一遗漏。操作时钳夹不宜过深,以防损伤食管肌层和黏膜,引起食管穿孔。我们惯用长持针器,以细针、细线在血管间隙中缝两针,留一些针距,结扎后再在针距间切断血管。也可用细头长血管钳钳夹后切断,再用"带线套扎",切勿撕脱。整个处理过程中,要求麻醉理想和胃呈空虚状态,充分暴露、保持清晰的视野。

(4) 处理胃底部反常血流 即胃底浆肌层切开、黏膜下血管结扎。在贲门下4~5cm用两把肠钳夹住胃的前后壁,先切开两钳间的胃前壁浆肌层,用刀尖或刀柄轻轻推开下方的疏松组织,即可见一支支上下行血管,避免碰破。用细针细线逐支缝扎其上下侧,但不切断。前壁处理完毕,将两肠钳提起,从左向右翻转180度,使原来钳头端对向右侧改成对向左侧。按上述方法做胃后壁黏膜下血管结扎。然后松开并除去两肠钳,常发现前后壁切开的浆肌层内有几个小出血点,细心止血后,按原位间断缝合浆肌层,该处操作亦应在胃空虚状态下进行,如有破损,必须妥善缝好。

5. 附加操作

(1) Nisscn法食管下段胃底时巾式折叠术 将周围血管已被剥离的食管下段套叠襻埋入胃腔内2cm左右,使该小段食管如围巾式为胃包裹。这样既可预防血管离断后血行受阻引起的胃局灶性坏死造成胃瘘,又形成假"贲门"状,适当减少胃内容返流入食管的机会。缝合时应注意进针深度与宽度。

(2) 幽门成形术 幽门括约肌纵行切开,横缝合,尽量不损伤胃十二指肠腔,否则要加强缝合,避免泄漏。

6. 按上述方法再次测定门脉压力及造影,观察游离范围有无明显出血及其色泽与血液循环变化,安置套管引流,切口外戳孔穿出,接上负压装置。做肝组织切片检查后关腹。如不做门脉造影,手术时间约3小时。

四、体会

1. 已做脾切除或各种门体分流(冠腔吻合术后应审慎)术后食管静脉破裂出血而准备行本手术者,其胃大弯侧胃底与侧腹壁都有不同程度粘连,如剥离难度大、渗血多,建议不勉强分离,但小弯侧贲门周围血管、食管下段血管的离断与A-V Shunt区域等几个主要操作仍宜施行,只要细致耐心,均可成功,只是费时多、渗血量大些。折叠术很难施行,但无妨大局。

2. 本术式仅需经腹,除胸内食管下段侧支未完全剥离外,可称为较彻底的门奇断流,适应证较广,对肝功能影响小,并发症少,止血效果尚佳,又无须特殊设备,虽操作项口嫌繁多,除造影以外,一般基层单位都可进行。

3. 由于侧支循环丰富,静脉曲张发生机制复杂,故到目前为止尚无唯一有效的术式。本手术亦不例外,术式再出血率仍较高。我们165例的五年累积再出血率已达46%[3],随着时间的推移有可能再上升。但本术式的基本理论,我科已有动物实验作部分佐证[4],临床实践亦证明有实用价值。

4. 本手术后食管静脉破裂小量出血的多数病例可经非手术治疗而愈,即使是出血量大、胸内食管有明显静脉曲张者,亦可再次经胸做Sugiura手术或其他手术。虽然我们例数尚有限,但预后大多良好,这与肝脏病变本身有关。

参考文献

[1] 陈易人,等. 断流术治疗食管静脉曲张及或出血[J]. 实用外科杂志,1984,4(2):97.

[2] 青木春夫. 食道静脉瘤的治疗,别册[M]. 东京:医学教育出版社,1985.

[3] 日本藤田学园消化器科,中国苏州医学院普外科. 165例黏膜保留胃离断术的疗效探讨[R]. 大阪:第48回日本临床外科学会宣读,1986.

[4] 吕光成,等. 血吸虫性肝裂变胃左动静脉血流变化的实验研究[J]. 中华外科杂志,1989,27(4):240.

本文发表于《实用外科杂志》1990年(第10卷)第4期

类癌综合征

苏州医学院附属第一医院普外科　李德春　陈易人

类癌综合征是指由Lieberkuhn腺内的Kulchitsky细胞产生多种神经内分泌物质而引发的一组特有的临床症候群。Thorson(1954)首次详细描述了其临床症状，因而有时也称Thorson-Biorck综合征。原发性类癌可以发生在机体的各个部位，但总的发病率较低，约占恶性肿瘤的1.5%，发病率约2.1/10万，转移率0.7/10万，出现类癌综合征者约为0.5/10万。有文献统计，全世界胃肠道类癌已报告达4000例，但其综合征病例仅报告100余例。Williams等根据类癌的胚胎学来源将其分为前肠类癌、中肠类癌和后肠类癌三类，并提出各类组织学、生物化学的临床特点。回肠类癌综合征发生率高，而阑尾类癌则低，这可能与类癌恶性程度有关。

类癌综合征出现意味着病程进入晚期，绝大多数患者综合征为肝广泛转移所致。据报道一组103例类癌患者，全部有局部转移，肝转移率达93%，出现类癌综合征者67%。类癌细胞分泌的神经内分泌物质可在肝内灭活。肝内转移时，大量神经内分泌物质直接经肝静脉进入周围血液。典型的类癌综合征包括肝肿大，发作性颜面潮红、腹泻、低血压、支气管痉挛。少数患者出现心脏损害、腹膜纤维化以及关节、肌肉病变等。

一、发生机理

类癌综合征的确切生物化学机理仍不明确。尽管可以肯定类癌综合征的发生与肿瘤分泌过量的神经内分泌物质有关，但是具体某一物质在综合征中的作用机理却不清楚；而且各种内分泌物质相互间还有着复杂的协同或拮抗作用。这解释了何以部分有转移的类癌不出现综合征,而同源的类癌综合征其症状迥异的原因。近年来已证实肿瘤除分泌血清素外,还分泌组织胺、多巴胺、激肽、前列腺素E/F、P物质、生物激素释放抑制因子、高血糖素、内啡肽、脑啡肽、促胃泌素;少见的还有ACTH、MSH、生长激素、胰岛素、神经紧张素、抑胃多肽等。这些活性物质对类癌综合征的发生均起着作用,但血清素无疑占主导地位,因56%的类癌患者血清素均增高。

Feldman发现典型的类癌综合征患者尿中血清素(5-HT)含量正常或稍增加,而含有大量的5-羟吲哚乙酸(5-HIAA)。其原因是该类肿瘤组织内含有色氨酸羟化酶,使色氨酸转为5-羟色氨酸(5-HTP)。这在血清素合成中是关键环节。形成的5-HTP即能迅速转为5-HT。5-HT主要贮存在肿瘤的神经分泌颗粒中,入血液后大部吸收,贮存于血小板致密颗粒;而真正发挥效应的是少量游离于血循环中的部分5-HT,最终经MAO和AD转为5-HIAA,经尿排出。非典型类癌综合征患者尿中5-HTP和5-HT排出量增多,而5-HIAA只有少量。因非典型类癌肿瘤缺乏多巴胺脱羧基酶,不能将5-HTP转为5-HT,故肿瘤分泌的5-HTP部分在其他部位转为5-HT和5-HIAA,而大部分被肾组织内脱羧酶脱羧后以5-HT的形式排入尿中,部分5-HTP未经脱羧直接入尿中。位于胃的类癌可以分泌大量组织胺、胃泌素而不产生血清素。类癌分泌的缓激肽被认为是血管活性物质,前列腺素亦对肠道黏膜有影响。

总之,类癌综合征的发生及症状差异取决于肿瘤分泌活性物质的种类及其性质。

二、临床表现

类癌综合征有多种临床表现,故亦有人称之为类癌系列症状。发病早期不易识别;多数患者是在处理肿瘤并发症时,经组织学诊断后方被认识。有时可经诊治数年出现转移后才确诊。故对类癌综合征中常见的几个症状需加以识别。

1. 类癌性潮红:为类癌综合征常见的早期症状。据统计23%~25%的患者有此现象。潮红最明显的部位是面部颧骨、前额和颈部暴露区,症状严重时可涉及胸、腹部、肢体,常伴流泪。有人将潮红分为四种类型。Ⅰ型:以红斑为主,局限于面、颈部,持续1~2分钟;Ⅱ型:潮红持续时间比Ⅰ型长,局部有持续性紫斑,发作期鼻部呈紫色,面部有扩张的静脉和蜘蛛痣;Ⅲ型:发作可持续数小时至数天,常伴前额深深的皱纹,患者出现流泪、低血压,面潮红间期出现腹泻;Ⅳ型:潮红伴有痒感,常发生在颈根部及胸壁,可能为组织胺的释放所致。

潮红的原因不十分明确。原先认为血清素是该体征的唯一媒介;后发现面部潮红与血浆中血清素的水平无关。血清素受体拮抗剂(ketanserin)对潮红无作用。典型的潮红发作可由静脉给予少量的肾上腺素引起;局部使用肾上腺素并不引起潮红。推测有可能是通过其他物质释放,作为媒介而产生作用的。这种物质有可能是缓激肽。然而就肿瘤的异质性而言,其潮红的类型不同,引起类癌潮红的介质还有P物质、各种胃肠道肽类和前列腺素等。类癌综合征之面颜潮红需与特发性潮红及绝经期面部潮红征鉴别,主要是根据病史和测定尿中5-HIAA。

2. 腹泻:约61%的类癌综合征患者出现腹泻,32%的患者为此首诊。突然的发作性腹泻是该综合征的特点。腹泻为水样,每日可达20~30次,无脓,常有里急后重感。腹泻常发生在早晨,腹部胀气,肠鸣音亢进,有时难以和细菌性腹泻区别,腹部体征与面部潮红有关。腹泻是属高动力所致,严重者可有低钾和代谢性酸中毒;常见的是营养不良现象。

腹泻主要是血清素对小肠的影响所致,因采用阻滞5-羟色胺的药物(甲基麦角酸丁醇酰胺)和5-羟色胺合成抑制剂(对氯苯丙氨酸)均属有效措施。其他活性物质,如舒缓激肽和前列腺素,对肠道也有明显刺激作用。

3. 心脏症状:类癌综合征患者心脏受累常见于疾病后期,发生率69%~72%,主要影响心脏瓣膜。其次序是最先影响三尖瓣,其次为肺动脉瓣、二尖瓣,有时主动脉瓣也受损。由于瓣膜纤维化,进行性增厚、狭窄,腱索缩短,产生三尖瓣、肺动脉瓣的狭窄和扩张不全,导致右心衰竭。类癌的心脏损伤与血清素增加有关。有报告类癌患者有心脏损伤者均有血清素分泌过量,而血清素正常的无1例发生心瓣膜损伤。对心脏的影响还包括直接影响心肌及冠状动脉。近年发现过速激肽(tachykinins),如神经激肽A和P物质有刺激瓣膜纤维化作用。另外,tachykinin-like物质也有心瓣膜纤维样增厚作用。

4. 哮喘:哮喘亦是类癌综合征的表现之一,但出现较少,常随潮红症状发生。有作者报道,在3例类癌性哮喘中,自发性哮喘只有2例;另1例因乙醇诱发潮红时引发。较多的是外科手术全麻时诱发支气管痉挛,出现哮喘。

5. 其他:疾病发展至晚期,还可以出现另外一系列症状,如长期血清素刺激可导致腹膜及腹膜后的纤维化、肠系膜血管栓塞、关节病变和葡萄糖耐量性差等。色氨酸缺乏可出现糙皮病。这些虽未列入典型的综合征内，但亦应引起重视。

三、诊断

上述症状全部出现者易被认识，如表现为某单一症状则易误诊漏诊。有报道213例血清素过高的类癌患者，腹泻和潮红两者均发生者44%，单有潮红者6%，单有腹泻者17%。鉴于该综合征几乎全部发生于肝转移的患者，最有效的诊断方法是B超、^{99m}Tc肝扫描、CT和MRI。相比较以B超为宜，既方便，价格又便宜。MRI在怀疑有骨转移时敏感度高。可利用11-MIBG同位素扫描检测较小的肝转移病灶。有报道肝动脉造影对诊断转移病灶较为敏感。肝脏酶谱测定对诊断帮助价值不大；碱性磷酸酶升高有时提示有肝转移。

临床上最有实用意义的实验检查是测定24h尿5-HIAA的含量。正常5-HIAA 2~8mg/24h，超过30mg/24h为阳性（但无转移者5-HIAA含量多在8mg/24h以上。怀疑源于前肠类癌者测定尿中血清素有助于诊断。比较测定尿、血清及血小板中血清素，以血清中血清素含量最有意义，因血清中血清素是呈游离状态。

食用某些食物如香蕉、核桃、菠萝，以及使用含有愈创木酚、甘油醚的咳嗽合剂和噻嗪类药物可产生假阳性。

临床可能与类癌综合征混淆的疾病主要有甲状腺髓样癌、卵巢畸胎瘤、小细胞肺癌、全身性肥大细胞瘤（mastocytosis）。这些疾病也可引起面部潮红，但24小时5-HIAA大致正常。

四、治疗

类癌综合征的治疗包括手术及药物治疗两类。

1. 外科治疗：其目的是切除原发病灶和转移病灶。事实上，临床出现类癌综合征均示有肝广泛转移，仅极少数支气管和卵巢类癌例外。因此，手术根治可能性极小，除非肝转移病灶是局部、孤立性的。一般主张对类癌综合征患者应积极剖腹探查。对原发或转移病灶，即使姑息性切除，亦能较好地改善临床症状。对肝弥漫性转移采用肝动脉结扎、肝动脉栓塞或暂时的肝脏去动脉化均能减轻类癌综合征症状，但能否延长患者生存期仍需观察。

类癌患者出现黄疸，常是不良预后的征兆。这种黄疸属肝外梗阻，应积极探查：其手术预后比其他恶性肿瘤所致的压迫为好。近年有作者报道采用肝原位移植治疗类癌综合征(3例)，其疗效及价值有待总结。

另外应注意，麻醉剂的使用及对肿瘤的挤压可引起类癌危象(严重低血压、气管痉挛)。因此，术前应做好充分准备，可给予大剂量的抗血清素药物，如Cypro-heptadine。最近有人提出术中可小心地应用Octreotideacetate以控制术中发生的低血压。术中应尽可能避免使用儿茶酚胺类药物。

2. 药物治疗：多数类癌综合征患者，尤其早期患者，症状较轻，可采用一些较温和的药物处理，如H1和H2组织胺阻滞剂、血清素拮抗剂、皮质激素。这些药物虽能部分抑制这些内分泌作用，或者只对腹泻有效，对血清素的产生却无影响。如对氯苯丙氨酸能抑制色氨酸羟化酶的活力，阻滞5-HT的合成；每日2~4g，等分4次口服，可使腹泻完全缓解，且可减轻潮红发作的程度。其副作用为中枢神经系统功能改变；用药超过6周，易发生过敏性反应。甲基多巴能抑制5-HT合成；每次口服250~500mg，每日3~4次，对减轻腹泻和胃的类癌综合征症状有效。二甲麦角新碱，每次口服2~4mg，每日3~4次，对控制潮红、哮喘发作和腹泻有效。急性发作时可一次静脉注射1~4mg或10~20mg加入100~200mL生理盐水中静脉输入，1~2小时滴完。副作用有低血压、晕厥、乏力等；严重并发症有液体潴留和腹膜后纤维化。因而，其应用受限。赛庚啶每日口服4~12mg，分3~4次。缓解急性发作可用50~75mg加入100~200mL生理盐水中静脉滴入，1~2小时滴完；作用与二甲麦角新碱相同，但对控制潮红似更有效。

Somatostatin是十几年前从下丘脑组织中提取的四肽，可强烈抑制许多内源性肽的分泌。天然的Somatostatin半衰期短，而合成的SMZ-201-995的抑制作用较天然者强，半衰期长，具有更高的特异性。SMZ-201-995 50mg每日2次，可有效地控制腹泻和潮红。一般尿中5-HIAA水平的降低常发生在用药后第3~5天。有报道SMZ-201-995治疗有转移的类癌患者，每日皮下注射150μg/3次，面部潮红、腹泻症状均缓解，约72%患者24小时5-HIAA下降50%以上。有报道SMZ-201-995对肿瘤生长有抑制作用，但目前难以肯定这种作用是直接或间接抑制。

术前、术中应用可以减少致死性类癌危象发生。Somatostatin毒性小,早期应用于症状较轻的患者,疗效更好。对那些有严重腹泻和临床情况极差的患者,应首先应用Somatostatin治疗,待症状控制、情况好转再接受进一步手术。Somatostatin的副作用是脂肪吸收不良和长期应用后发生胆囊结石。

化疗:对有些不能手术切除病灶的类癌综合征患者,可用化疗控制症状。较有效的化疗方法是:链佐霉素500mg/m^{2}加5-Fu 400mg/m^2,连续5天,间歇6周再重复应用。

临床上发现其对前肠源性类癌有一定疗效,对中肠源类癌常无效。α-干扰素对部分类癌生长有抑制作用,可减轻症状。开始剂量300万U/m^2,连续5天,然后每周1、3、5顺序给药。但其疗效需进一步观察。

五、预后

类癌综合征患者大多有类癌肝转移。可采用综合性治疗方法,但预后较差。如手术时无转移,5年生存率达95%,有区域淋巴结转移者为83%;有远外转移者为38%。唯有早期确诊、积极手术才能提高疗效。

参考文献(略)

本文发表于《中华外科杂志》1995年4月第33卷第4期

在第三届(2019)苏州市普外科学年会上的发言

陈易人

陈校长、谭主任、各位同道:

今天我非常高兴地来参加苏州市普外科学年会。

这次会议邀请了很多著名专家和同道,他们将给我们带来丰富精彩的学术讲座,很多同道特别是年轻的外科医生们,也将展示他们的学术成就和外科才艺。看到苏州市普外科人才济济、学术成果丰硕,我为此感到特别的高兴。

我从事外科临床工作已经有60多年了。新中国成立以后,特别是改革开放以来,外科学在各级政府的关心下已经有了长足的进步。现在微创外科、三维重建技术、精准外科、术后快速康复、器官移植等理念和技术促进了外科事业的蓬勃发展,也为病人的治愈和康复带来了福音。我为大家所取得的这些成绩感到欣慰。

在看到成绩的时候,我们也要清楚地认识到,现在我们的医疗工作还不能充分满足人民群众的需求;我们的医疗技术同一些发达国家相比较还有不小的差距;少数医务人员职业道德沦丧,成为社会热点,损害了医疗行业的形象,这些都应该引起我们的高度重视。

古人说,雏凤清于老凤声。我已经九十多岁了,但是,我的心还是和年轻人在一起。在此,我还想对在座的各位年轻的同道多说几句:

我衷心希望你们确立全心全意为病人服务的思想,树立良好的医德医风,以维护病人的利益,促进病人的康复作为自己的事业追求。希望你们在临床工作中继续不断地锻炼自己,努力做到会做、会说、会写。一个不会做手术的外科医生是不可能为病人解除痛苦的,一个不会写文章的外科医生是不可能在学术上有所建树的。

希望你们虚心向老师学习，向同行学习，多读书，多实践，深入病房，关心病人，努力在临床实践中获得真知。

希望你们勇于创新，勇于挑战自我，勇于攀登新的高峰。医疗技术日新月异，只有努力学习、反复实践才能熟悉新理念，掌握新技术，适应新形势。长江后浪推前浪，世上新人赶旧人。只有不断超越前人，我们的事业才能生生不息，不断进步。

我也衷心希望苏州市普外科专委会在秦磊主委的领导下团结我市外科界各位同道，努力工作、不断创新。要高度重视我市普外科专业的学科建设、人才培养、继续教育、新技术引用、国内外学术交流，为提高苏州市普外科的学术水平、为苏州市医疗卫生事业的发展做出应有的贡献。

（2019年10月11—12日，第三届苏州市普外科学年会召开，陈易人教授应邀出席会议并致辞。）

光荣与梦想
——记普外科专家博士生导师陈易人教授

  1999年12月8日,凌晨2点,电话铃声猝然响起,睡梦中的陈易人以军人般敏捷的动作接听电话,穿衣,坐车,奔赴手术台……全然不像是一个75岁高龄的老人。对陈易人来说,50多年的从医生涯,这样的紧急呼救数也数不清……75岁高龄的苏州市第一人民医院普外科专家博士生导师陈易人,是目前苏州市外科手术台上最年长的普外科专家。许多比他年纪小的外科专家都早已"封刀",只带带学生,做做学问了,他却不肯这样安享晚年。对他来说,一个外科专家,放下了手术刀,生活就不一样了。两鬓染霜、精神矍铄、耳聪目明的陈易人依然一往情深地握着那把手术刀,也依然会在睡梦中一跃而起,奔赴紧急疑难手术的现场。

——题记

  少年陈易人生活在一个兄弟姐妹众多的家庭里,家境贫寒。八岁那年,父亲突然中风离世,使这个本来就不富裕的家庭更加风雨飘摇。目睹父亲倒地不起,目睹新中国成立前平民百姓饥寒交迫、贫病交加的情景,他便在心底埋进了学医的念头,梦想有一天用自己高超的医术来拯救像父亲那样的贫民百姓命。

  报考医学院的情景是他一辈子都难忘的事。由于报考的这家医学院不收学费,并且提供奖学金,因此报考者特别多,尤其是像陈易人这样的寒门学子。独特的考试形式让性格活泼的陈易人有了充分展示自己的机会,外国考官只让他在考场模拟和测算游泳的动作与时间,模拟动作和叙述展示了陈易人的协调能力与表达能力,而测算时间则测试了他的数学、物理等方面的知识。陈易人一试就中,他在考场上的"模拟游泳"让考官们认定了这位聪慧的寒门学子会成为一名优秀的医生。

在这家医学院，他学习了整整七年。春夏秋冬、寒来暑往，不敢有丝毫的松懈。"做个有本领的医生"是这位寒门学子对自己说得最多的一句话。也正是因为这句话，他成为这个学校最优秀的学生之———也由此奠定了他今后"做个有本领的医生"的坚实基础。

对病人要有割股之心

古代有割股疗亲的记载，这是儒家用来颂扬子女对父母的孝顺之心的。而陈易人从穿上白大褂走进医院的那一天起，就把那颗割股之心给了他所有的病人。

开始工作时，他几乎把家都安在病区，常常不分白天黑夜地在病区工作，有时星期天也不回家。对病人高度的责任感，使他的情绪也随着病人的病情变化而阴晴圆缺。手术后的几天是他密切观察病人病情的时候。一旦出现手术并发症，他就会吃不香、睡不宁，研究处理办法，而一旦病人好转，他就又吃得下，睡得着了。可以说，这种情绪的变化跌宕起伏，伴随着他一辈子，直到现在，手术过后，他仍会有很多的牵挂，而每一次病人手术后表现出来的良好状态，每一次术后病人展露出来的笑容，都会让这位医生、专家、教授开心，那一晚的觉也就睡得格外香甜。他说，这是做外科医生最有意义的事，也是最有价值的事。

后来，很长一段时间，他家安在言桥头，除了白天在病区里忙碌外，还有晚上数不清的紧急呼救。晚上，接到紧急呼救时，他从来都是部队的作战风格：招之即来，来之能战，战之争取胜利。这么些年来，从晚上十点到第二天凌晨，每一个时辰，他都接到过紧急的呼救电话，那时候，还没有住宅电话，楼内的公用电话几乎就是为这样的呼救而安装的。起床、穿衣，不过几分钟，一辆破自行车就驶入了沉沉的黑夜中，十分钟后，他就已经在手术台边了。

在家里，家人有时戏称他为"黄包车夫"。为啥？旧社会黄包车夫的衣服都是最简单的，一根绳子一系，就能行程数十里。而他的衣服也是这样的简单，大冷天，除了贴身的棉毛衫外，从来没有一件套衫，电话铃一响，"筒"在一起的四五件衣服一下子就穿上了身，这个时候，时间就是生命。

外科医生不仅需要高超的医疗技术，还需要一个结实的身体，手术台上一站就是七八个小时，没有过硬的体质，是无论如何顶不下来的。正是因为对病人的"割股之心"，让自己有较长的事业期，不断为病人服务。陈易人对自己的生活方式有着严格的要求和限制，他烟酒不沾，饮食习惯似乎有些刻板：早晨是一定要吃饱吃好的。通常是有肉有鱼的双浇面，因为医院上午的手术常常要到下午一两点钟才结束，充实的早餐才使他不至于在手术时间感到饥饿乏力，影响手术效果。中午手术过后，是最简单的午餐：盒饭。他的理论是，手术后是疲劳的时候，不宜大吃大喝。晚上只在家里吃家人做的饭菜。久而久之，医院上下包括病人都知道，陈医生是不在外面吃饭的。当然婚庆喜事是除外的。这么多年来，外科医生最易得的胃病，陈易人没有。这也使他至今还能健朗地在手术台上操刀，继续实践他做一个好医生的诺言，继续奉献他的割股之心。

手术要做得精细完美、无懈可击

看过他做手术的日本同道对中国医生在很简陋的条件下，仍具有熟练细致的技术深表敬佩。医生手术时胆大心细，动作利索，处理问题镇定自若。手术，要做得精细完美、无懈可击。这是他对手术最高境界的追求。他认为在基本技术成熟后，手术做得越细越好，每个手术都得符合当时病人的情况。在手术方案的选择上，他认为手术台上不能有机械的模式，因为手术台上每个病人的情况是不同的。他思路开阔，每个手术总是设计出多个方案，比较、选择最佳方案。手术中碰到情况，及时商量、及时调整手术方案。手术中，他讲究的是精细严密，多缝一针少缝一针都极有讲究。

手术的精细完美、无懈可击，不光是把手术做得让自己没有遗憾，更主要的是要让病人没有遗憾。他设计手术方案时，更多的是为病人考虑，而不是为自己的"功名"考虑，有时为了追求这种完美，个人甚至要承担一定的风险。六十年代初期，一位有出血的十二指肠溃疡病人在多次内科治疗不理想的情况下，转入外科。当时外科的传统治疗方法就是切除大部分的胃，这种手术虽然安全，但会给病人留下后遗症，而这位患者是一位青少年，人生还有漫长的道路。比较而言，国外的迷走神经切断术被认为是比较先进的治疗方法，但在苏州市第一人民医院还没有开展过。陈医生把设计的手术方案拿出来和大家一起探讨，并征求病人和病人家属的意见。结果他在精心准备后，成功地为病人施行迷走神经切断术，保住了病人赖以生存的胃，没有留下任何后遗症。

手术中，他讲究速度，但反对追求速度；讲究质量，反对盲目追求数量。这也是他追求手术精细完美、无懈可击的一个重要内容。他经常给自己的学生举这么一个通俗的例子，表达自己的这种观点。他说，两个人开阑尾，一个人对每一个手术都认真正规地操作，并及时总结；一个只顾数量一个接着一个开。一开始前者可能才开两个，后者已经开了十个，技术高了一点，但到后来前者开了50个，后者开了80个，前者的技术反而会超过后者。这就是自觉成长的结果。只有这样，握在手中的手术刀，才会游刃有余，做出的手术才会既有速度，又精细完美、无懈可击。

不管大手术、小手术，陈医生决不打无准备之战，有备才能无患，有备才会摒弃手术中的"盲目"与"练习"的行为，有备才能处理手术中的突变，化惊险为坦途，有备才能把手术做得非常漂亮。

陈医生把手术看成是外科的重要组成部分，但不是唯一的部分，他不但重视手术前的准备，更重视手术后的处理，以整体的观念看待各种病人，直到病人完全康复。其实他的完美观已不再局限于手术台上，而是贯穿了整个外科，甚至行医的过程。

自觉成长和自然成长

陈易人认为医生有两种成长方式，自觉成长和自然成长。自然成长的医生，随着工作时间增加，医生的经验丰富了，水平也会自然而然有所提高。而自觉成长的医生，在思想业务上都要求上进，多做、多学、多观察、多思考、多总结，他们的成长是快速的，只有这种人才能成为技术优秀的医务工作者。

他就是那种有意识地自觉成长的医生。从实践上升到理论，再回到实践，这种螺旋式上升，使他很快从普通的医生中脱颖而出，具有更加高屋建瓴的医疗手术观点和理论。六十年代前期，他到昆山去搞血防工作。在那儿，他做了一千多例脾脏切除的手术，许多下去的医生做过也就算了，不再问为什么，而他却在手术中开始观察和思考一些问题：为什么有的病人切掉脾脏就好了，有的病人却还会出现其他症状？为什么一些血液病人的手术治疗也是切除脾？……在一系列的问题中，他确定了自己的研究课题"脾脏外科"，含门脉高压症及血液病脾切除，并有了理论性的结论。这项研究获得省部级的科技进步奖，也为他今后的临床治疗提供了丰富的理论知识。

八十年代初，大量的进口药进入中国，处理外科感染时滥用抗生素。针对这一现象,陈医生专门研究了"外科感染",并写出了《外科围手术期的处理》这一专著。生活中他没有特别爱好,几乎所有的空余时间都放在读书学习上,不断丰富自己、提高自己。生活中的陈易人又绝不是一个枯燥乏味的人,他具有的和谐和幽默是一开口就能让人体会到的。"文革"期间,他学习毛泽东思想,并把毛泽东"农村包围城市"理论形象地运用到手术中,让人过目不忘:外科手术中,只有把周围(农村)的血管、韧带、粘连处理好,才能攻克主要(城市)部位。在做结肠癌手术时,他运用的也是这一理论:先要控制好周围的大血管、远端肠管,剥离周围组织,以切断癌细胞在血液肠管内的扩散,最后才把刀子割向癌肿瘤。把军事思想和医学理论如此融会贯通,并如此形象表达的陈易人通常就是这样深入浅出地向他的学生们讲授自己的学问和经验。

经过数十年的磨炼,他从一个住院医师成长为主任医师,到七十年代中期,他感到自己发展有了明显的飞跃。就像他后来一直说的,45岁以前还是以学为主,到45岁以后,厚积薄发。自那以后,他不但能单独处理病人、承担教学任务、及时总结写出有水准的论文,而且能较快地找到所需的中英文参考书目和文献。这期间,他担任江苏医学会外科学会主任委员,从事提高江苏省外科水平的学术团体工作。到八十年代初,作为博士生导师又开始指导学生从事科研的选题立题。至今,陈易人教授已带了30多位硕士和博士研究生,培养了两名日本留学生。他的学生李德春已经和老师一起被列入"苏州名医"。

光荣与梦想

行医一辈子,陈医生已经记不得做过多少例手术了。有时静下心来,眼前就会浮现出许许多多病人的脸庞,而每一个病人都有一个故事,这些故事有的渐渐淡忘了,有的却刻骨铭心。

他说起这么一个故事:无锡县一名肠梗阻病人,在当地医院做了三次手术,都没有解决一个"漏"的问题。这是外科医生最怕的事,死亡率极高。当地医院向他求救时,这位病人已经伤口裂开,流水出脓,能看见瘘孔翻出来的样子,病人奄奄一息,家属也已联系好后事。作为外科医生的陈易人清楚地知道,三次手术以后,肠子已经短得不能再短了,再做手术,即使成功,也很容易得"短肠综合征",吃啥拉啥。为了挽救病人的生命,并尽量提高他的生活质量,陈易人在手术台上一寸一寸地计算着肠子的尺寸，一丝一毫都不浪费，凭借丰富的医疗经验，他采用肠子"倒置"的术式，延长食物在肠内的时间，增加肠子的吸收功能。手术成功了。这位在陈医生手中获得第二次生命的病人，当时是乡镇企业的中层干部，现在已是一家有名的化工企业的厂长了。

陈易人实践了做一个好医生的梦想。但他还是有遗憾，那就是他的两个儿子都没有承父业——在他眼里，医生是这个世界上很伟大的职业。不过让他感到宽心的是，孙女孙子都把做一名医生作为自己的理想——就像他少年时那样。

他期望孙儿们也能梦想成真。

原文载于《苏州大学附属第一医院院报》2000年第14期，原文作者尤文华

参考文献

陈易人. 外科围手术期处理[M]. 北京:科学技术出版社,1990.

苏州医学院院报(1984—1989).

陈易人. 副脾的临床意义[J]. 中国实用外科杂志,1999,19(12).

陈易人. 肝硬化门脉高压合并胆石症的外科治疗[J]. J Hepat opanreatobiliary December,2000,12(4).

陈易人. 国内小肠肿瘤近况[J]. 实用外科杂志,1991,11(8、9).

陈易人. 菌群失调的发生与外科临床的关系[J]. 实用外科杂志,1989,9(7).

李德春,陈易人. 类癌综合征[J]. 中华外科杂志,1995,3(4).

管洪庚,陈易人,钱海鑫,等. 门脉高压性胃病动物模型复制及发病机理研究[J]. Chin J Exp Surg,January,1999,16(1).

陈易人. 脾外科的若干进展[J]. 中国现代普通外科进展,1999,2(1).

陈易人. 青木春夫式断流术[J]. 实用外科杂志,1990,10(4).

曹苇,陈易人. 青木春夫式断流术180例临床报告[J]. 中华普外科杂志,1998,3.

陈易人. 青木春夫式断流术的远期疗效[J]. 腹部外科,1999,12(2).

陈易人. 青木春夫式断流术后再出血的处理[J]. 实用外科杂志,1986,6(7).

陈易人. 提高大肠癌远期疗效的措施[J]. 普外基础与临床杂志,1999,3(4).

陈易人. 围手术期的抗生素应用[J]. 临床外科杂志,1999,7(2).

陈易人. 血液病的脾切除治疗[J]. 医师进修杂志,1989,9.

后记：为老辈医人留影

十月底，苏州满城桂香，银杏叶黄，古城又要进入一年最美的季节了。不禁感慨，时间好快，还有两个月，这一年就要过去了。从春天在桂花新村开始访谈，到秋晚灯下整理陈易人教授的访谈文稿，我眼前又浮现出陈老雪白的头发和清瘦佝偻的身影。时光无情，不知还有多少人记得起这位当年有"陈大仙"之称的外科神医？

也许，和许多在专科领域内取得卓然成就的院士专家比，陈易人教授的事迹还不够伟大。但是，就凭一把手术刀，救活无数普通患者的生命来说，他又是值得记取的。值得记取的不仅是他的医疗过程，而且他见证了苏州乃至江苏普通外科医学筚路蓝缕的发展历程，我们回溯过往，不应忘却当年普通群众缺医少药看病难的往昔，此其一；其二，今天的人们，尤其是众多医疗工作者要从老一辈专家身上继承一些东西，如钻研刻苦、探索求实和关心病患的医学精神；其三，我们更要推崇一份高尚的医德。初见陈教授，虽年逾九旬，但思路清晰。他和我开玩笑说，我这一辈子没有赚到什么钱。对一位声名显赫的外科专家来说，这确实是令很多人不敢相信的。在市场经济环境下，由于众所周知的原因，有些拿手术刀的医生，日子过得应该很滋润。宋代林逋说："无恒德者，不可作医，人命生死之系。"陈易人教授的医德是令人赞叹的，他晚年曾多次代表老辈医人在卫生系统内做医德医风报告，常用老师裘法祖院士的话勉励年轻医生："急病人之所急，想病人之所想，痛病人之所痛。"

有人说，医学是一门"人"学，因为医学的工作对象是人，医治患者首先要将其作为一个整体的"人"来看待。在陈易人的医学思想里，有一点非常重要，那就是作为一名外科医生，不能见病不见人。任何一个人，既是生物的，也是社会的，就诊的病人不是器官与系统的简单相加。他们到医院就医，解除的不仅是病痛，更需要在医务人士的理解与帮助下，缓解与释放心中的焦虑与不安。正如医学之父希波克拉底说的那样："医生有三件法宝，第一是语言，第二是药物，第三是手术刀。"

作为苏州大学东吴智库课题"东吴名医"系列，陈易人是我访谈的第二位医生。对中医我还些微了解，而对西医来说，真有盲人摸象之感，内中错误肯定不少，恳请专家学者批评指正。这个项目，首先要感谢田晓明先生的热忱支持，感谢马中红、陈霖、杜志红诸位教授的协力相助，最后要感谢郑敏、王佳佳、陈鑫、倪丽几位同学的辛勤付出。尤其要说明的是，陈教授的儿媳徐苏丹女士给予我们大力配合，作为家属，她帮我们项目组做了很多联络和沟通的工作，特此鸣谢。

芳林新叶催陈叶，流水前波让后波。陈易人教授的学术余脉，如今在苏州大学附属第一医院依然绵延不绝。当下的医疗外科技术日新月异，回望来路，为前辈医人留影是我们的责任，但愿我们的访谈对医学人士和对此感兴趣的读者有所裨益。

潘文龙
2019年晚秋于苏州开我襟室

庚子新春，新冠肺炎肆虐。就在本书即将付梓之际，忽然传来了陈易人先生去世的消息。他是在午饭毕睡觉后长眠不醒的，毫无痛苦地告别了人世。得知此信息，我非常遗憾，陈老没能在生前看到这本访谈录。不过我想，"东吴名医"系列课题的价值和意义正在于此，用抢救的手段，给这些老辈医人留下一些文字和影像。

谨以此书，作为对陈易人先生的追思与纪念。

作者再记于2020年夏初

主编　田晓明

田晓明，生于如皋，旅居苏州，心理学教授，先后供职苏州大学、苏州科技大学，现任苏州科技大学党委副书记、副校长。

副主编　马中红

马中红，江苏苏州人，苏州大学传播学教授，从事媒介文化、品牌传播研究。

副主编　陈　霖

陈霖，安徽宣城人，苏州大学新闻学教授，从事媒介文化与文学批评研究。

图书在版编目(CIP)数据

陈易人访谈录/潘文龙著.—苏州：苏州大学出版社,2020.9
(东吴名家/田晓明主编.名医系列)
ISBN 978-7-5672-3156-6

Ⅰ.①陈⋯　Ⅱ.①潘⋯　Ⅲ.①陈易人–访问记　Ⅳ.①K826.2

中国版本图书馆 CIP 数据核字(2020)第 077137 号

书　　　名：	陈易人访谈录
著　　　者：	潘文龙
责任编辑：	薛华强
出版发行：	苏州大学出版社(Soochow University Press)
社　　　址：	苏州市十梓街 1 号　邮编：215006
印　　　刷：	苏州市深广印刷有限公司
网　　　址：	www.sudapress.com
邮购热线：	0512-67480030
销售热线：	0512-67481020
开　　　本：	787 mm×1 092 mm　1/16
印　　　张：	12.75
字　　　数：	228 千
版　　　次：	2020 年 9 月第 1 版
印　　　次：	2020 年 9 月第 1 次印刷
书　　　号：	ISBN 978-7-5672-3156-6
定　　　价：	80.00 元

若有印装错误，本社负责调换。服务热线：0512-67481020